U0025227

天下文化
BELIEVE IN READING

放手
讓孩子飛

亞太美國學校
打造實現夢想的舞台

邵冰如・朱乙真・黃筱珮　著

Part 3
回到原點，
一切都是為了愛

序

沒有失敗的小孩，只有失敗的教育

嚴長壽 公益平台文化基金會董事長

　　西洋有一句諺語「如果你想喝一杯牛奶，你可不必麻煩把整頭牛帶回家。」

　　這句話用來比喻朱家明（Pamela）倒也非常恰當，她為了一對兒女的教育，捲起袖子，自己籌辦國際學校，這一路走過來的挫折、艱辛，以及面對了無數的挑戰，當然，也包括最後看到的成果，宛如寒天飲冰水，點滴在心頭。

　　我個人很榮幸能夠在考察台灣國際教育的學習之旅當中，親自見證了新竹亞太美國學校（Pacific American School, PAS），從寄人籬下，起步在擁擠不堪校區的環境中，一直到2017年新校舍終於落成的過程，我真正見識到這一位讓家長們信服、學生們屈服、老師們折服的教育家。

　　家長們之所以信服，是因為Pamela讓家長相信，她比他們自己更了解孩子，而且許多時候，她認真地為每一個孩子扮演學習發展顧問的角色，無論是挖掘孩子們的

天賦，甚至利用寒暑假到世界各國參訪，先去幫孩子們探勘學校，然後和每一個孩子反覆討論，該如何準備相關的申請。

學生們之所以信服，是因為Pamela從來不妥協，有的時候她像是虎媽，有的時候她像是孩子的傾聽者，更多的時候，她把每一個孩子當自己的孩子一樣，也難怪孩子們都願意把她當做另一個媽媽（Second mom），與她分享生活中的點滴，因為Pamela始終非常積極努力地在幫孩子們與國際接軌的未來向前探路。

在教學上，Pamela總是身先士卒，只要有最新的教學方法，無論是專題式學習（Project-Based Learning, PBL）或者是設計思考（Design Thinking, DT），她一定會窮盡一切心力主動學習，而且努力的尋找教學資源，帶著老師、學生實作，一直到有具體成效為止，讓老師們不得不折服。

Pamela的一對兒女，不僅在美國知名大學接受良好教育，表現優異，現在也都留在美國，有很好的工作與發展，她也真的成為一個國際教育的專家。

值此台灣強調國際化的當下，相信以Pamela的使命感及教育熱忱，一定會在未來台灣的教育上扮演重要的影響力量。

如今，全球受到COVID-19疫情衝擊，科技對全球人類未來教育的影響，對家長或任何一個有心從事教育的

人，都是一個全新的大挑戰，我個人也從偏鄉國際實驗教育摸索的歷程當中，得到Pamela許多寶貴經驗分享。

　　尤其從這本書上，看到許多孩子分享他們的學習歷程，真正讓我們體會到，那句經常聽到的「適性揚才、因材施教」，並非止於口號，而是一個真正可以實踐的教育終極目標。

　　是的，沒有fail（失敗）的小孩，只有fail（失敗）的教育。

序

善用科技，培養 π 型人才

朱家良 ViewSonic 創辦人

　　台灣教育改革了 20 幾年，大家嚮往的樂土到底是什麼樣貌？在美國還是歐洲的哪個名校？我發現不用捨近求遠，在新竹的亞太美國學校已經完全實現，從小學開始，不論專案教學還是設計思考，都是教學的日常。

　　我曾經介紹台灣首屈一指的「學思達」社群創辦人張輝誠老師及核心老師們，赴亞太美國學校參訪。學思達的老師非常震驚 PAS 學生們充滿創意的思考模式與自信積極的表達能力，私下問每個學生，人人都非常清楚自己喜歡什麼，將來要往哪個方向走。

　　台灣的教育，讓我看到了兩個極端的現象，這一端是多年的教改愈改愈亂，填鴨式的教學依然存在，學生似乎只有一個目標—拚命讀書與補習，拚出高分好成績。但在另外一端，我們看見的是 PAS 創造出接軌全球的優異教學成果。

　　PAS 能有如此傲人的成績單，很大原因來自校長朱家明的勇氣、堅定與創新。她原本只是個平凡的母親，但為了

一雙子女而全力傾注教育。更讓人尊敬的是在辦學過程中，她從不劃地自限，而是帶領著亞太美國學校的教學團隊，積極地開拓各種可能，不斷尋找適合的教學資源，更勇於嘗試最新、最好的教學模式和工具，只為了給每一個學生打造出最適合他們，甚至獨一無二的學習環境。

最可貴的是，PAS自創校以來便顛覆傳統教育裡「考試第一、高分第一」的理念，朱校長很清楚地看到科技的重要性，也看出未來人類工作甚至可能將被機器及人工智慧取代，因此格外重視開發孩子的潛能與多元發展，讓孩子在教育過程中找到自己，培養出有思辨力，而且能統整各領域知識的 π 型人才（π-shaped skill）為教育目標。

相對於傳統學校對學生的填鴨式教學，我也發現，朱校長的眼光放得很遠，PAS的課程不但致力挖掘並激發孩子的潛能，甚至提早培養學生對科技的興趣，校方一步步帶領學生進入AI世界，把科技概念大量落實在課程中，學校運用科技工具來打造創新的教學模式，讓學生經由課程去習慣科技、了解科技，進而愛上科技，及早為進入AI世界做準備，因為在未來的世界中，學校或許不再是孩子得到知識的主要來源，唯有善用科技，孩子們才能養成自主學習、探索未知的習慣，累積面對未來的能力。

近年來，台灣啟動了一股「翻轉教育」的風潮，我也有幸認識了許多在這條路上努力的老師與專家，並與他們合作，一起運用科技工具，讓教學現場變得不一樣。從他

們身上，我逐漸了解，當這些充滿理想與熱情的師長們，站在教育的第一線時，不再只是單向的把知識「塞」給學生，而是鼓勵學生自動學習，培養思考、討論、表達等能力，成為未來世界的核心人才。這些教育工作者勇於挑戰台灣數十年的教育沉痾，這份「翻轉」的勇氣，更令我深深感動與敬佩。

相較之下，朱校長起步更早，早在20多年前，便孤身走上了翻轉教育的路。她一身反骨，帶著滿腔勇氣與熱血，抱著「雖千萬人吾往矣」的決心，創辦一所完全不一樣的學校。看著她一路創校辦學的故事，再細細領略她對教育的想法，她對每個學生充滿關懷但不過度干涉，更充份引導孩子找到自信、打造最適合自己的舞台，這不正是今天翻轉教育最期待的願景嗎？

這本書裡的每個故事都令人感動，也讓人體悟：教育的意義不在於打造全體一致的模範生，而是要讓每個獨立的個體發光發亮，關鍵在於師長根據每個孩子的個別差異，提供最適當的教學，掌握個體的學習發展與性向探索，並結合科技化的教育思維，提供孩子更多元的學習空間，他們才會飛向真正美好的未來。

這是一本值得一讀再讀的書，不論老師、家長、學生甚至教育相關官員，都會從書中得到不同的啟發與感動；也許我們做不到朱校長那樣的勇往直前，但只要你肯踏出全新的一步，翻轉教育的夢想就會多了一份實現的力量。

序

人生很長，世界很大
尊重孩子的「異質」，擁抱無限可能

劉宥彤 家長／永齡基金會執行長

　　有句話說，當了父母才開始學做父母，當孩子還小的時候，對著不會說話，只會哭鬧的孩子，覺得很累很辛苦，以為孩子長大一點，就能少操點心，但一路走來，不知道其他父母怎麼想，我覺得孩子長大，除了操心更揪心。

　　這些年因為教育基金會的相關業務，自己也涉獵許多開放式、創新式的教學理念與方法，但回過頭與自己的孩子相關、突破傳統的「教與養」樣樣難，很多觀念止於「知」，更不要提用在孩子身上會有多大的不安全感，就算身為教育基金會的執行長，遇上自己孩子的難題，也是舉白旗投降。所以我深刻認知要把創新或開放式的教育方式帶到教育現場，還能頂得住社會、家長和學生的壓力，亞太美國學校的朱家明校長（Pamela）真的是憑藉極大的熱情，擇善固執，扛著改變舊思惟的責任感，把在教育上的理念及長年實踐的經驗出版，能讓大家重新省思，現在大多數的教育現場，是否還能跟得上時代的變化。

　　我兩個孩子都在亞太美國學校就讀，沒讓校長少操心，最記得Pamela和我說：「等待孩子需要很大的耐心，它總是在考驗我們何時想要放棄，但我們不會放棄孩子，也不該讓孩子放棄自己。」

　　有機會先拜讀了Pamela的新書，從家庭主婦投入教育事業與志業，一切都是從她開始教養自己孩子所受的衝擊開始，一路以來困難重重，惡毒的流言蜚語沒少過，創業過程是名符其實的校長兼撞鐘，但她依然堅毅地走到今天，她的學校著重專題式的教學方式，不排名、少考試，專注培養孩子解決問題的能力，但除了這些，更重要的是尊重孩子的「異質」，人的成長與認識自己，原本就是很大的挑戰，孩子心中總有無限不受了解的缺憾，其實有很長的時間，不諱言地說，Pamela比我還要了解我的小孩，也比我更能接納我的小孩。

　　我自己不是個傳統體制中的好學生，但誠實面對內心，卻在教養小孩時，想要有傳統認知的好兒子，與其說是自己的想望，其實更多時候是擔心孩子，不願意他們走上媽媽「反抗軍首領」式的人生軌跡，所幸孩子們能在一個容納各種可能性的學校放心地尋找自己。Pamela的教育堅持是幫孩子建立這輩子能賴以成長的能力，人生很長、世界很大，未來有無限可能，我們常只看到當下表現、成績，但忘了孩子們的未來不會只局限在現今想像可及的世界，相信這本書可以給予對教育有興趣的朋友很大的啟發。

Part

大人先改變，
孩子的未來才會不一樣

教育，不是死背硬記，更不是畫靶射箭
不應該「英數理化重要，理工法商優先」

大人應該教孩子的，不是如何考高分、進名校
而是解決問題的能力
大人應該給孩子的，不是昂貴的補習或教材
而是適性發展的機會

從家長到校長，讓孩子發光

「沒有 fail 的小孩，只有 fail 的教育。」

朱家明
Pamela Chu

國立中央大學英文系畢業，麻州大學應用語言與雙語教育碩士／曾於中華大學擔任講師，2005年起為一雙子女投身教育，2007年創辦亞太美國學校。

亞太美國學校（Pacific American School，以下簡稱 PAS）的校長朱家明，原本只是家庭主婦，為了自家的一對兒女，因緣際會投身教育。十多年來，她憑著不服輸的勇氣與執著，帶著一身反骨，展開一場顛覆傳統教育的希望工程。

朱家明說，從小她只是個平凡的台灣學生，用功念書、考聯考、上國立大學，走在「好學生」的世俗軌道上，直到三十年前，跟丈夫一起出國念書，美國的教育和文化，才帶給她全新的啟發。

她記得，剛到美國不久，在電視新聞上看到藍領勞工侃侃而談，讓從小被訓練「要乖、要聽話」的她很驚訝：「原來勇於發聲，不該只是知識分子的專利，更不可以因為身分和階級，抹殺一個人的發聲權利。」

反骨的起點，一張弄錯的帳單

在美國大學的課堂上，朱家明又看到同學積極表達意見，從不退縮，不像她在台灣上學時，「只有成績好的人才敢或才能說話」。她非常喜歡美國的教室裡迴盪著各式各樣的意見，熱鬧極了，和台灣的一言堂完全不一樣。

朱家明很好奇，到底是怎樣的教育方式塑造出這樣的文化？她開始透過大量的書籍和視聽資料，去探索美國對多

元文化的尊重、對不同生命樣態的包容。例如那時她看了一部關於刺青的紀錄片，介紹每一個刺青背後往往蘊藏著人們的生命故事，這讓朱家明益發著迷，進而思考並挑戰自己的傳統價值。

「我不想再跟以前一樣了，我要改變，要勇敢為自己發聲，為自己打造未來。」到美國的第二年，朱家明決定再也不做「乖乖牌」。

第一次發聲，是她在美國收到一張搞錯對象的500美元醫院帳單。朱家明從來不曾去過那家大醫院看診，即使人在異鄉，她仍不放棄追查，最後終於查出原來是她有一次曾到一家小診所就診，診所醫師把其他病人的資料送到大醫院時作業失誤，導致大醫院把帳單寄錯給了朱家明。

朱家明接著多次發 E-mail、打電話要找那位診所醫師處理，但對方始終不出面也不理會。拖了一個月，朱家明還是一直接到帳單，她忍無可忍，再次打去，在電話裡對著護士拉高嗓門放狠話：「如果再讓我收到帳單，我們就法院見！」三分鐘後，醫師的解釋電話馬上來了，從此她沒再收到帳單。

朱家明說，這次經驗給她的最大收穫不是「救回500美元」，而是「只要是對的事，就該勇敢去試，為自己打造

機會。」這對她後來從事教育工作影響很大，更深植 PAS
學生的心裡。

　　1993 年回台後，許多傳統觀念也逐漸讓朱家明不適
應，她很不喜歡東方教育對個人的壓抑，尤其是對不公不
義不合理的「忍耐」。幾年之後，台灣的教改風潮如火如
荼，但朱家明每次檢視官方提出的方案內容更感失望。

母子自學，打開日後辦學的序幕

　　「不能讓我的孩子當白老鼠，」朱家明心中的夢想之火
悄悄點燃，她嚮往美國教育體制的開放多元，但是她不想
移民，也無意讓孩子遠赴國外當小留學生，她決心放手一
試，帶著兩個孩子 Erica 和 Derek 在體制外走出一條不一
樣的路。

　　從女兒 Erica 幼稚園起，朱家明安排兩個孩子就讀一所
國際學校，當時朱家明還在中華大學任教，是位忙碌的職
場媽媽。女兒一年級時，有次忘了帶作業，那天朱家明剛
好有空，便幫孩子送作業去學校。在校園中巧遇一年級的
導師 Johann，Johann 非常興奮的跟朱家明一一細數 Erica

在學校傑出的表現。

　　朱家明回家後仔細思考老師說的話，才發覺自己平常忙著工作，竟然忽略了孩子在學校的學習情形，給孩子的陪伴更是遠遠不足。她認真思索了幾星期後，毅然決然辭去教職，改當全職媽媽。母子三人一起展開美式教育的自學旅程，白天孩子上學去，她在家研究教材，等放學後再帶著孩子一起學習。這時的朱家明，還不知道這樣的起心動念，日後竟發展成一所幫助許多孩子綻放獨特光芒的學校。

教育，不應畫靶射箭

　　一開始朱家明先用1993年自美國帶回的有聲書和教材，後來她覺得不夠，但當時網際網路不發達，也沒有遠距教學，她必須到處打聽適合的教材，再跨海訂購。

　　每年暑假，她也帶著孩子遠赴美國參加夏令營（Summer School），孩子們白天上課，她則專程去專業的教材書店找資源，還申請參訪美國中小學的課程，想進一步了解美式教育如何實際執行。

　　孩子們在夏令營的學習內容，也給朱家明很大啟發。有一次，夏令營老師要求學生的成果作品要呈現五種牛頓定律，而且作品中不能使用現成的工具和材料。朱家明帶著Erica絞盡腦汁做出了一個作品，包含了五種物理學的運用，心想應該會獲得老師的稱讚。

　　但不料第二天女兒下課回來後，邊哭邊說：「我的作品好糟。」原來，別的孩子都是用生活經驗和故事去印證或使用五大定律，而不是為了融入五大定律，硬是去做出一件作品。

　　例如有個孩子的作品，是因為想辦派對，要準備果凍，於是她開始發想和說明，如何利用器材或動手發明小工具，一步步做出果凍，而這些步驟和器具使用，正運用了五大定律。

　　朱家明震驚且慚愧，但也恍然大悟，原來教育不是死背硬記，更非畫靶射箭，而是一種「Project」（專案），讓孩子在專案過程中，有思考、有創意、有討論、有研究，到最後提出解決方案，把學到的東西，確確實實運用在生活中。

　　從女兒小一到八年級，整整八年，朱家明在家教育兩個孩子，自己也是邊學邊教，來理解美式教育的內涵。她

說，例如小一的數學，美國教材以生活情境引導孩子，而且先教觀念，小學生最先學到的是生活中的「集合」和「交集」概念，而非1+1、5-3之類的算術技巧。對照自己從小學數學的經驗，都是不斷的反覆計算，直到可以非常熟練。可見美國的教育重視孩子對數學觀念的理解和運用，而不是聚焦在計算。

等孩子大一點時，因為台灣缺乏英文的資源，朱家明設法為孩子找遠距教學。她幫孩子申請史丹佛大學的EPGY（Education Program for Gifted Youth，資優青年教育課程）和約翰霍普斯金大學的CTY（Center for Talented Youth，資優青少年中心）的學程，這是為資優生設計的網路課程，因為台美兩地時差，母子三人常常要半夜上線，一起上課。

朱家明也很關心孩子在學校的學習狀況，當時孩子就讀的國際學校資源很少，設備簡單，Erica和Derek老實告訴媽媽，每天在學校多半就是「玩遊戲」、「看電視」，非常輕鬆。這讓朱家明更堅持要加強在家自學的內容，補充學校教育的不足。

但自學補強，不代表朱家明放任學校的教育。有一天，她發現孩子帶回的學校評量考試Iowa Test，竟然是三十

年前的考試版本，這麼古老過時的內容，讓她非常生氣，「不平則鳴」的反骨讓她決意挑戰權威，不能沉默。

最囉嗦的家長，自己辦學校

當時，孩子們的學校坐落於一個小教會的小空間裡，沒有實驗教室、音樂教室、美術教室，更沒有任何專科學習的空間。學校不同意成立家長會，朱家明只好單打獨鬥，多次到校長室反映，要求學校不但要更新評量考試的版本，也要將學生上課教材更新到最新版本，她甚至提供自己在家研究的美國教材，給學校做為參考。

朱家明經常到校長室，要求學校改善教學內容和設備，並定期追蹤進度。此外，更要求學校另覓校地擴建校舍，改善現有教學空間。朱家明的努力終於逐步爭取到了新版本的課本和教材，但校地和校舍問題還是原地打轉。

隨著孩子陸續升上中學，家長們的憂心日深，他們希望給孩子一個嚴謹周全的學習環境，更擔心再這樣下去，孩子的學習會嚴重落後。Erica當時已上八年級，有不少同學都已被父母早早送去美國當小留學生，但朱家明很

重視家庭和親子關係，希望孩子上大學之前，能在自己的家庭和家鄉土地上成長，建立起正確的價值觀和人生態度。

校地問題一直拖到 2005 年 3 月仍無解，家長們愈來愈急。然而在這段期間中，朱家明發現，孩子所就讀的國中部，竟然沒有合法立案。最重要的是，幾次找主管機關，希望能導正問題，卻失望地看到教育單位置之不理，完全沒有提出任何糾正。意志堅定的她不服輸，最後決定另起爐灶，「既然學校沒有合法立案，也不改進，不如我們另外辦一個好的國際學校！」

「教育局來了，大家趕快跑！」

那時很多人，包含朱家明的先生都極力勸她，「你瘋了嗎？敢玩這麼大？」「你不是學教育的，又做了八年家庭主婦，辦學不可能成功……」但她不放棄，理直氣壯，堅持認為人生就是要有勇氣，為自己爭取，而且「我們就是要去試，不試怎知道會不會成功？」

同年 4 月起，朱家明帶著三十多位家長從零開始，找資

金、找校地、研究法規（外僑學校申請辦法），同時蒐集各種教學資源和人才，要成立一所新的國際學校，只為給孩子一個合法、合格、合適的教育環境。

辦學的路難關重重，即使所有的文件早就在開學前準備齊全了，主管機關遲遲不肯核准，也不告知不核准的原因，拖了幾個月新學校始終無法立案。朱家明擔心課程上不完，不肯再等，新學校8月如期開學，全校一年級到九年級共有學生48人，辦公室僅3位行政人員，朱家明校長兼撞鐘，為了降低學校營運的成本，一人兼數職。

剛開學的兩三個月，因為未獲立案許可，新學校常遭同業檢舉，主管機關三不五時就會上門稽查。「那時我們成天提心吊膽，每天有志工家長在大門外把風，教育局一來，老師、家長就趕快帶著孩子從教室跑到外面的公園，絕不能讓教育局發現我們在上課……」

多年後，想起那些躲稽查的日子，大人小孩手拉手拚命跑的畫面仍歷歷在目，朱家明笑到泛淚：「全靠家長幫忙和體諒，我們有很深的革命情感，同甘共苦，再難都打不退。」

朱家明細數，當年她有非常強大的志工團隊，48名學生的家長全是學校後盾，大家各有專業，完全無私，天天

輪流到學校幫忙；學法律的負責研究外僑學校設置辦法，做財務的幫忙處理經費報表，有人脈的設法找資源，學校圖書館裡所有的圖書和錄影帶，也都是朱家明從家裡搬去的。還有更多媽媽志工，為了給孩子們一個好的學習環境，在忙碌之餘分工排班，來學校義務幫忙。

經過不斷向教育局爭取和溝通，2005 年 11 月感恩節當天，新學校終於領到了立案許可，朱家明和家長們哭成一團，「大家只有一個共同的心願，要給孩子一個好的學習環境，我們做到了。」

再度受挫，重起爐灶創 PAS

創校第二年，2006 年學生人數翻倍成長至 120 人，朱家明帶著家長和教學團隊愈做愈起勁。沒想到一年後，投資者對學校資金有了不同考量和配置，朱家明並不贊同，認為會影響教學品質，不向錢與權低頭的她更幾度力爭，可惜雙方理念差距仍然很大，於是 2007 年 5 月她請辭離開，帶著兩年前創校時的籌備資料，決心重新再來過，再辦一所學校。

　　「這曾經是我很大的挫折，奮鬥了兩年，最後只能抱著一個小紙箱走人，」朱家明說，離開自己一手創辦的學校，雖然不捨，但沒有時間感傷難過，也不想浪費時間去回應外界的揣測，她只想趕快給孩子一所新的學校，讓孩子安心學習，快樂成長。

　　很多一路和朱家明齊力打拚的家長，也帶著孩子一起離開，這一次大家再度發揮集體力量，找錢找人找資源，不到一個月後，便租下新竹光復高中校園內的一層樓，重新隔出將近40間教室和辦公室，成立「亞太美國學校Pacific American School」，8月正式開學，全校學生從一年級到十一年級，約有70多人。

　　「PAS剛成立時，很多人不看好我們，更多謠言中傷我們，詛咒說我辦學兩年就會倒，甚至有謠言說我們是流氓學校，背後是黑道……」朱家明說，但那時她沒空也沒力氣去回應這些鋪天蓋地的中傷，更認為與其回應解釋，還不如把精力用在學校經營上。

　　「我們要把所有的力量用在辦學，用來拉開PAS和其他學校的距離，」朱家明立下目標，鼓勵自己，也為其他家長打氣。

　　路遙知馬力，朱家明辦學的好口碑慢慢傳開，PAS成立

時，除了來自前一所學校的學生，也吸引一些新的學生加
入，但新學生的家長對 PAS 並不熟悉，甚至常有很多疑惑
和不解，這也成了朱家明的新挑戰。

不排名、少考試，先培養解決問題的能力

　　例如有些家長仍有著「升學至上」的傳統心態，要求
學校給學生多出作業、多寫測驗卷，愈多愈好，或是加
開放學後的輔導課。他們一心認為練得多、考得多，SAT
（Scholastic Acessment Test，由美國大學委員會 College Board
主辦的學術能力評估測試）才能拿高分，才能申請到國外
名校。

　　但朱家明哪裡會是輕易妥協的人？她告訴家長，教育的
目的不是考高分，真正的學習更不是靠考試、補習或教
材，培養孩子考試的能力，學校應該扮演引導者，讓孩子
自發學習，會主動去研究、理解、吸收、解決難題，進而
融會貫通，為自己和今後的人生創造更大的價值。

　　這樣的拒絕偶爾會引發衝撞。曾有家長衝進校長室跟
她大吵：「你以為你是誰？這是我的小孩，我說要多考

重視每一個小孩的個性和特質，才能真正幫助到他們。

試就要多考試！」不向威權低頭的朱家明只淡淡說：「這是我的學校，如果不接受我的理念和做法，就請你把孩子帶走。」

　　也有家長一開始不明白 PAS 為何沒有排名，認為這會看不出孩子的「程度」。但朱家明認為，排名只是去比較學生，雖然表面上似乎好像能激化孩子的好勝心，但「比較，是要和自己比，而非和別人比」。PAS 更從 2021 年開始，針對小學一到五年級的學生，取消傳統 A、B、C 等級的成績評量，改成只給評語的評比方式，強調孩子的異

質性，讓家長從孩子小時候開始，專注在養成他們的學習能力，發掘孩子不同的興趣、專長、和弱項，更進一步幫助他們提升自我。

她心裡很清楚，辦學不是做生意，不能一味討好家長，而且PAS的教育精神是要顛覆傳統的教學框架，要培養孩子解決問題的能力，而不是把孩子訓練成會考高分的機器，朱家明期許PAS一定要帶來改變，更要影響家長的觀念，孩子的未來才有更多希望。

另類升學路，先打破框架接受異質化

PAS也顛覆傳統教育常見的「英數理化重要，理工法商優先」觀念，當每個學生升上九年級選課時，朱家明便與學生一對一討論，了解孩子的興趣和特質，接著一路幫他們安排甚至開辦適合的課程，也就是以學生為中心的異質化教育。

到了十一年級，朱家明更會和每位學生密集討論每個人的興趣，找出適合的大學與科系，協助他們申請，盡量為孩子的未來找到最佳的起跑點。

　　「我最享受的，不是帶著他們申請到明星大學，而是在這兩三年的歷程中，慢慢挖掘出每個孩子的特質，讓他們展現獨一無二的潛能，一步步打磨，一步步發光。」朱家明和十一、十二年級的每個學生都非常親近，看著他們的改變，甚至翻轉，都是她最大的收穫。

　　當然，漫長的過程中難免衝撞，尤其當學生想選擇文學藝術音樂等傳統教育中的「非主流」領域時，有些家長心中難免懷疑：「念這個好嗎？」

　　這讓朱家明很感慨，她說：「傳統教育常常先設框架，讓孩子在框架裡學習，框架外的孩子就被視為失敗。」但辦教育，要重視孩子的異質化，數學理化不好的孩子，也許擅長舞蹈或美術，如果大人們能給孩子適性成長的機會和環境，每一個孩子都能發展出一番成就。

　　坦率直接的朱家明多半會先問家長：「你要他一輩子做不擅長的事？還是擅長的事？」甚至會坦白說：「你們如果不支持他，他在其他領域只怕也不會太出色。」

　　她笑說自己十多年來也是「鴨霸」出了名，會勸家長：「你們既然願意把孩子交給PAS，那就要和學校合作，一起先打破舊有的觀念和做法。」

　　相對的，學校也會訓練孩子面對困難和解決問題，朱家

明一再提醒並訓練學生，在學習的過程中跌倒了，一定要有站起來的能力。她認為，台灣的父母常常希望孩子走在比較安全的路上，很怕孩子摔跤，往往孩子一摔跤，就急忙想要去扶孩子一把，深怕他們跌倒受傷。

　　但學校主張，與其給孩子一條百分之百安全的路，不如訓練孩子如何面對跌倒、面對挫折，並在跌倒和挫折後，盡快自我修復和重新站穩。事實上，孩子在愈小的時候，學會跌倒後站起來的能力，將來他在人生的道路上成功的機率也會比較大。家長對孩子的保護愈多，孩子將來面對失敗與挫折和重新站起來的能力就愈少。

在親子衝撞間搭橋，走進彼此的心

　　PAS的另類教育，也常成為親子間的緩衝角色，尤其十一年級起，因為朱家明和學生很親近，大家都直接叫她Pamela（朱家明的英文名字），有的學生還會把不肯告訴父母的事，說出來跟她談一談。

　　「我真心把學生當成孩子，用家長的心態辦學，也給自己兩個責任：一是教育者，二是另一種父母，當學生不能

和父母溝通，我就是那座橋，」朱家明說。

　　相對的，家長對孩子感到束手無策時，也會找朱家明，希望她把其他學生的成功經驗複製到自家孩子身上，這時她會向家長分析孩子的個性、需求，提醒家長調整觀念，從孩子的角度思考。

　　例如曾有一個學生，媽媽是科技業高層主管，父親是成

比起「校長」的身分，對學生來說，朱家明更像是另一個媽媽。即使畢業了，仍保持緊密的聯絡，有什麼事都會找她訴說。

功的企業負責人，但這個學生因為有過動症，從小不斷遭受體罰責打。優秀的父母非常挫敗，他們常為了兒子闖禍四處向人道歉，也要求朱家明「就盡量罰他吧，他要打了才會聽。」連老師都忍受不了，要求校長送走這個無法管教的「Trouble Maker」（麻煩製造者）。

但朱家明不想放棄，她希望能真正翻轉孩子的問題，而非用體罰去「治標」。

她先請家長帶孩子去看醫生評估，媽媽終於接受孩子的異常行為都是「症狀」，也開始調整心態。即使後來孩子還是一路惹禍到高中，但家長和老師們漸漸能寬容看待，也知道如何引導孩子減少出狀況。

畢業後，這個曾經的「Trouble Maker」，順利進入美國著名的大學，畢業後在香港從事金融工作，做得很好，回台灣時和朱家明聯繫，聊起小時候闖的禍還會笑個不停。

和畢業學生保持聯繫，持續關心他們的人生，始終是朱家明的習慣。她說，PAS像大家庭，從校長、老師到學生，不會因為學生畢業就斷了聯絡，多數在國外讀書的畢業生，有空回台時都會到學校走走，而她自己每次到國外，也一定會邀在附近讀書或工作的學生們聚一聚。

十多年來，PAS畢業生遍及海內外許多國家的知名學

府，但在朱家明心中，這樣的「明星大學升學榜單」，並
不是校方想強調的。

　　她坦言，不少學生家長送孩子來此，一開始的動機的確
是為了未來讓孩子出國讀大學，甚至抱著「讓孩子上外國
名校」的念頭，但她認為「美式教育和出國升學之間，不
能畫上等號。」

未來教育，不是為了進外國名校

　　朱家明說，外界看PAS，第一眼會只注重升學成績單，
「新生家長中，十個有九個是看我們的升學榜單來的。」
但亮眼的榜單，不是因為訓練學生在SAT考高分，而是
引導他們面對自己、挑戰自己、克服自己的難關。

　　她自豪地說：「我們的升學榜單，並不是像國內其它的
學校不斷驅策孩子讀書考試的結果，反而是孩子們在PAS
的教育方針下自然產生的成果。」

　　台灣人常對國際學校有迷思，但朱家明希望把國際教育
正名為「未來教育」，在未來教育的模式裡，為孩子打造
出名校想要的潛力和人格特質，這樣不但能讓孩子申請上

名校，更在進了名校之後，有能力站穩腳步不被淘汰。

她解釋說，大人們總希望孩子站上舞台發光發亮，「但如果只是大人們打造舞台、教孩子們每個表演動作，那麼孩子一定撐不了多久，更不會有熱情。」相對的，「未來教育」是引導孩子強化自我，去爭取登上舞台的機會，上台後的所有表演，也全都是孩子自己的選擇和創作。

大人先改變，孩子的未來才會不一樣

走過數千個黎明與黃昏，PAS 的教育翻轉了許多孩子的人生，朱家明的教育理念說服了愈來愈多家長，全校學生人數從創校時的幾十人，到現在固定年年有三百多人就讀，每屆畢業生從十幾人增加到五十餘人。

整個校園也於 2018 年從舊址的光復高中校區遷到竹北 3 公頃的新校地，有了全新的教學大樓、活動中心、展覽廳、交誼廳、各種資源教室、植物栽培園、以及戶外的籃球場、網球場、與足球場等運動設施，讓學生擁有更寬闊多元的成長空間。

從大門口的廣場到中庭，校內的每個角落，隨時都能看

見一個個學生的笑容，彷彿飛揚在新竹的風裡，也吹過朱家明的耳際，輝映著她心中的真理──「沒有fail的小孩，只有fail的教育」。

　　孩子們的笑容，是永恆的希望，翻轉的教育，更是一生的使命。從一個全職媽媽的心願開始，朱家明的反骨與堅持，為PAS打造出遍地繁花，未來，她還要把這份理念傳得更遠更深，讓更多大人改變，孩子的生命才能跟著改變，未來才會不一樣。

邵冰如／採訪撰文

懂得解決問題

學校是引導者，讓孩子自發學習、主動研究
進而理解、吸收、融會貫通、解決難題
為自己的人生創造更大的價值

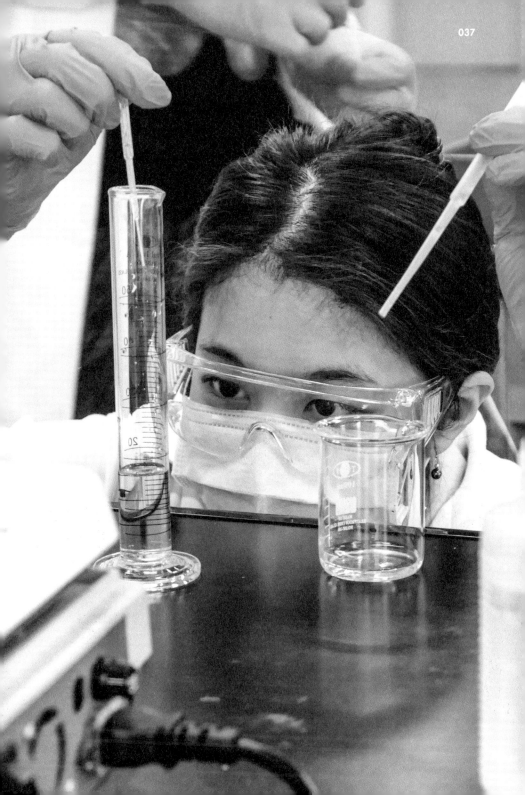

讓孩子主動學習

鼓勵孩子勇於嘗試，找到興趣與專長
因為只有做自己喜歡做的事
孩子才會持續專注、研究
養成自主學習的習慣，並樂此不疲

尊重多元發展

擺脫傳統教育框架,尊重每個人的異質性
數學、理化不好的孩子,或許更擅長音樂、美術及舞蹈
只要給予適性成長的機會和環境
每一個孩子都能發展出一番成就

擁有思辨能力

AI時代來臨，
傳統教育已經無法教給孩子面對未來的能力
唯有點燃孩子主動學習的好奇心
才能成為快速應對變革的未來人才

培養人文素養

在忙亂的生活步調中，學習靜下心來
感受藝術的美好與沉靜
無論從文學、音樂、舞蹈、繪畫哪一種面向
都能找到生命的意義與價值

創業家精神

世界朝向永續發展的過程中
不能缺少社會創新的力量
在求學階段就養成創業家的精神
突破有限的資源與困境
找出解決社會問題的方法

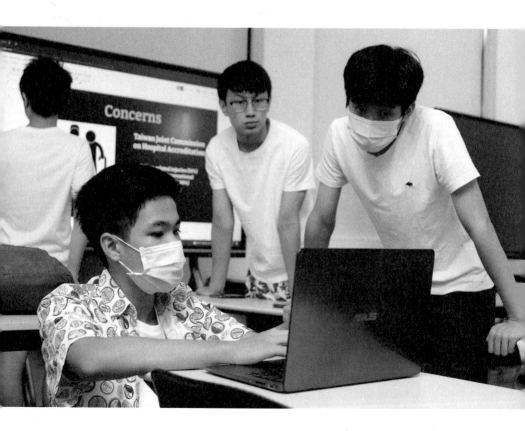

與國際接軌

全球化的世界已然來臨
孩子們的舞台無法局限在單一地點
找到與國際接軌的舞台
在未來生命歷程中，不斷前行

Part 2

每個孩子，
都是世界上唯一的花

在這所學校的教育裡，沒有失敗的孩子
有人天資聰穎，也有人大器晚成
有人早早立定志向，也有人怎樣都找不到目標
每一個孩子都能在這裡安心探索、嘗試、挫敗
並且學會從失敗中重新站起來
找到屬於自己的舞台，綻放獨一無二的光芒

點燃動機，
從此
愛上學習

「學校訓練我解決問題的能力
和態度，不論做得好做不好，
就是 Try My Best。」

林皓雯
Amanda Lin

PAS Year of 2014／康乃爾大學旅館管理學院
（The School of Hotel Administration at Cornell
University）畢／現於 Google 舊金山分公司，擔任
客戶經理（Account Manager）

個子小小的Amanda，臉上有著台灣女孩典型的甜美開朗，她在全球「最夢幻」的企業Google工作，前景一片閃亮，談起未來，眼神裡燃燒著鬥志和希望。

誰都看不出來，現在這個充滿自信的Amanda，小時候竟是個「不愛讀書」的女孩，對她來說，人生最重要的事情就是快樂、好玩；青少年時期，Amanda跟很多人一樣，對未來感到茫然、徬徨。但就是因為進入這所學校，Amanda不斷被培養，一點一滴發展各種正向的潛能與特質，打造成二十一世紀搶手的 π 型人才。

老師看不起的孩子

Amanda是PAS 第五屆的畢業生，個性活潑外向，小學就讀公立小學時，心裡只有一個字：「玩」。媽媽不知為她操過多少心，好幾次月考前，Amanda跟同學約了去同學家念書，但同學家長總是向媽媽告狀：「Amanda從頭到尾都在玩家家酒，別人在k書寫評量，她連書都沒打開……」

Amanda有個大她兩歲的姐姐Tiffany，從小乖巧自律，非常用功，自我要求極高，成績一向名列前茅。相較之下，Amanda學業成績普普，想讀的時候可以考90分以上，不想讀就拿60分回家，分數好壞她完全不在乎，而

且總是「不想讀」的時候多，媽媽為了小女兒「自由奔放」的性格，十分頭痛。

正因為有個優秀的大女兒，Amanda的母親總是特別小心，避免把姐妹倆拿來比較，但她始終不解，同樣是自己生的小孩，為什麼妹妹滿腦子都是玩？

例如在學校上課時，社會科老師拿著課本說明台灣原住民有哪些族群，還要學生們一一記下各族群的名稱，Amanda覺得死背好無聊，她更想了解那些人是誰、曾經發生什麼故事，老師卻都沒有說。於是她的眼神忍不住飄向窗外電線桿上的小鳥，心裡更盤算著放學後要去逛超商，看看又有什麼新玩意。

Amanda不但沒法專心，還很「雞婆」，上課時如果有人在教室外臨時要來找老師，東張西望的她一定第一個發現，更會大喊：「老師，外面有人找你！」

在傳統教育框架下，Amanda的性格和表現常引來老師的「看不起」，讓媽媽非常心疼。媽媽至今還記得，Amanda小學二年級時，有一回考了全班第二名，老師竟冷冷的說：「你這次運氣不錯。」熱心活潑的Amanda主動舉手想當班長，也被老師以「你身高太矮了」為由，打了回票。

　　到了小學五年級，媽媽發現Amanda讀書的方式跟別人不一樣，她永遠背不起來歷史課本上的年代、人名、事件，非常抗拒死背硬記，但如果換成歷史故事講給她聽，她會聽到眼睛發亮，什麼都記得。

　　偏偏學校每次月考社會科時，考卷上都是填充題，不會背書的Amanda成績總是滿江紅，媽媽請教了其他家長，人人建議要教女兒把課本上的內容「盡量背起來」。這令媽媽很沮喪，也很懷疑：「真的要讓孩子被這樣的教育淹沒嗎？」

　　也有老師向媽媽分析：「這個孩子上課不專心，但反應很快，很熱心，可能需要比較不一樣的教育方式。」

不一樣的上課方式，找到讀書的動力

　　撐到小學六年級，媽媽決定讓Amanda跟隨姐姐的腳步，轉到PAS就讀。媽媽說，原就規劃未來要送孩子到國外上大學，所以讓兩個女兒就讀台灣的小學奠定中文基礎，再進入PAS讀中學。

　　當時大女兒Tiffany在PAS讀了一年，媽媽很喜歡這所

學校的教學方式，不會讓學生強記硬背或不斷做習題、寫作業，而是由老師扮演引導者的角色，讓孩子們主動找出問題，透過思考和研究，提出解決方法。

只是媽媽仍有些擔心，怕Amanda進了學業壓力較小的學校會徹底「放飛」，更不肯用功，或者捨不得離開熟悉的環境與同學。誰知道媽媽問Amanda想不想也去讀PAS時，Amanda馬上點頭，原因竟然是：「姐姐學校放假比較多。」這種令人哭笑不得的答案。

所幸，Amanda轉學後不久，很快就愛上了這裡的教學方式，她不必再死背，而是可以動腦解決問題。例如歷史課教到二次世界大戰時，全班剛好只有五個同學，歷史老師Steven Covault分配他們各自代表二次大戰最重要的五個國家，要他們思考為何而戰、如何應戰，以及最後如何達成和平。

歷史，曾是Amanda最討厭的課程，但不一樣的教學方式，為她打開了一扇窗。她原就是一個「要先喜歡，才會有動力」的孩子，在這裡，可以動腦筋天馬行空的思考。放學回家後，還常常興奮地告訴媽媽：「這裡上課太好玩了。」媽媽放下心中的大石頭，感受到Amanda的學習火苗，終於被點燃了。

　　PAS的老師很重視學生的進步，學生們雖然有學習壓力，卻不會反彈抗拒，對Amanda來說，反而比以前更加認真。一個曾經拒絕壓力的孩子，開始願意承受壓力，為什麼？

因為快樂，願意承擔學習壓力

　　Amanda點出原因所在：「因為這裡（的學習）讓我很快樂。快樂，對我來說很重要。」

　　至此，Amanda的學習進入一個全新世界，以前，天生雞婆個性的她，老愛幫別人解決問題，讓媽媽很頭痛，但新的學校提供她動腦解決問題的絕佳空間，Amanda非常喜歡這種教學模式，她再也不必死背枯燥的課本內容，而是不斷探索一個又一個案例或故事，找出解決問題的方案，「我的興趣可以徹底發揮，真是太棒了！」她開心地告訴媽媽。

　　也因此，Amanda開始愛上學、愛讀書，不但上課專心認真，回家後更常常做報告做到半夜兩三點，全心全意要將老師指定的題目找出最佳解決方案，絲毫不嫌累。

另一方面，那個不在乎成績的 Amanda 也不見了。在這裡，她長出了好強和上進心，每次報告和考試換來的好成績讓她很有成就感，而且心裡常常有一種聲音響起，提醒自己要更積極，成績要再往前一點，不能表現太差，更不能輸給別的同學。

尤其在七到九年級的國中時期，Amanda 常觀察模範生姐姐，總是乖巧認真，週末絕對不出門，堅持在家用功念書。於是她也慢慢收起玩心和任性，想做一個用功的人。

好幾次，媽媽看著 Amanda 週末和姐姐併肩在書桌前，心裡很感動。因為媽媽深知，小女兒並不是不羨慕姐姐的好表現，在看似不在乎的外表下，其實 Amanda 也好強、也想有成就，但找不到努力的動機，甚至對自己有著小小的無力感。

「這個孩子也教會我，原來，做父母有時必須耐心等待，只要為孩子選對環境，在旁邊默默守著，他們一定會愈來愈好，」媽媽說，她很慶幸學校為女兒開了一扇不一樣的窗，身為家長的她，也學會了包容和等待，「而等待的最大動力，來自我們儲備了很多很多的愛。」

高中時期 Amanda 的成績愈來愈好，但開始得面對另一個難題：那就是自己到底真正喜歡什麼、適合什麼？大學

要申請什麼科系？

　尤其學校非常重視學生未來的發展方向，鼓勵學生找出自己的興趣和專長，很早就開始要求學生們思考以後的人生規劃，不要受到大人的影響。

困惑的青春，找不到方向

　事實上，早從七八年級開始，校長 Pamela 就問 Amanda 以後想做什麼，試著激發和挑戰她，更告訴她：「你要會自己想，大人們才不會一直塞東西給你。」

　但是，Amanda 看著姐姐從小就堅定喜歡生物、立志學醫，相較之下，她卻沒有「最喜歡」的科目或領域。她確定的是自己喜歡和人相處，擅長辦活動，例如年年當班代，常要帶領全班同學參加學校的晚會表演和運動比賽，還當過啦啦隊長號召隊員排練和策劃表演。但是她不知道「和人相處」能算是興趣或專長嗎？又可以做什麼職業？

　十六、七歲的少女愈想愈彷徨，彷彿走在迷霧裡，每次和媽媽或 Pamela 討論，說到最後總是無解又生氣，認為：「大人都不了解我……」

於是，Amanda開始不想念書，失去了方向，沒有動力，變得既焦慮又叛逆。Pamela看在眼裡，有一天她把Amanda找來，告訴Amanda學校要主辦一次Model United Nations（即「模擬聯合國」，以下簡稱MUN）的跨校會議，為期兩天，要她當主辦人，帶領同學負責規劃相關行程。

辦活動，當Leader開發潛能

Amanda很驚訝，她雖然常常當幹部和班代，卻沒有主辦大規模活動的經驗，更何況是要挑大梁當負責人。她瞪大眼睛不停搖頭說：「NO！NO！NO！」可是Pamela早已看出Amanda善於和人交流的潛能，堅持她很適合這份工作，不斷鼓勵她說：「你可以，你一定做得到。」

這個任務讓Amanda沒有退路，從規劃、溝通、整合意見到執行，都只能硬著頭皮去做，例如一開始的會前規劃方案，就是很大的挑戰。

那是學校第一次出任跨校MUN的主辦學校，沒有前例可循，Amanda必須「無中生有」，先設法擬訂會議的流

程表和工作計畫。整整兩個月，她不停請教老師和曾經參加過跨校MUN的學長姐，弄清楚每一個環節、步驟以及需要的人力物力，最後終於提出了完整詳細的執行方案，內容包括會議流程、工作分配、人力調度、採購事項等所有細節。

　　在這「無中生有」的過程裡，Amanda好幾次因為做不好而氣餒，但老師總是等她哭完之後，微笑著告訴她：

在校長和老師的鼓勵下，Amanda培養出自信和解決問題的能力，讓她如願進入夢幻企業任職。

「你已經進步不少了。」

接下來 Amanda 帶著夥伴，一步步照著規劃執行，從零到有，從有到好，最後當兩天的跨校活動終於順利完成，會議落幕的那一刻，她忍不住又哭了，也在心中告訴自己：「原來我真的可以，原來我在這方面還不錯。」

這些成長蛻變，Pamela 和媽媽全看在眼裡。她們並不急著要孩子找到答案，而是認為與其逼她，不如提供機會，讓她先了解自己，並激發出潛能。

Pamela 也一直默默引導 Amanda，不但常找她當學校活動的幹部，也指定她當班代參加學生會，告訴她：「我相信你會做得很好。」十二年級時，由於要面對考 SAT 和申請大學的雙重壓力，Pamela 擔心班上同學的狀況，也常找身為班代的她討論，希望減輕大家的壓力。

這些看似與學業毫不相關的責任，壓在 Amanda 身上，不但沒有讓她逃避，反而欣然接受，因為她看見自己的潛能，感受到被肯定：「我被看成一個大人，可以領導大家，也可以代表團體對外溝通。」

申請大學時，Amanda 申請上卡內基梅隆大學（Carnegie Mellon University）的心理學系（Department of Psychology），希望未來當心理分析師，但沒想到一學期讀下來，自覺容

易陷入別人的情緒而難抽離，不太適合做心理諮商的工作；她很想放棄，卻怕自己變成一個「loser」（輸家），非常猶豫。

這時，最了解Amanda的媽媽鼓勵她：「每一個挫折的背後都有意義，重新來過，並不代表你之前走過的路是白走的。」她也回想起PAS教會她的——每個人都有不同的強項，做重要的決定時要懂得放掉不適合自己的。這些正面的能量掃盡Amanda心中的陰影。

在差點解散的啦啦隊，學會解決問題

大二那年，Amanda順利轉入康乃爾大學（Cornell University）的旅館管理學院（The School of Hotel Administration），她很喜歡旅館管理的課程，而且旅館學院有一種活潑的氣息，同學都和她一樣積極外向、喜歡和人打交道，Amanda慶幸自己重新做了選擇。

暑假期間，她到德州達拉斯四季飯店（Four Seasons Resort and Club Dallas）實習，當時Amanda接到各式各樣的任務，從客訴處理、後台溝通到菜單改良，每次發生

許多陌生又複雜的難題，飯店裡都沒有人告訴她該怎麼做，得靠自己摸索，但Amanda覺得好像又回到在PAS上學或辦活動的歲月，很多事都沒有SOP可遵循，必須自己設法解決，十分有挑戰。

例如，吧檯的客服滿意度分數偏低時，經理要她找出問題癥結，可是，她才十九歲，只是個實習生，同事都比她年長資深許多，誰會想理她這個沒有經驗的菜鳥？Amanda坦承，決定接下任務之前，她其實會害怕，也有壓力，但不會迴避，因為PAS的教育方式是培養學生用設計思考（Design Thinking）的概念去解決現實世界的問題。「我在不知不覺中，已經養成解決問題的能力，而且我告訴自己，不論做得好做不好，就是Try My Best。」她相信，任何挑戰都是一場經驗，都是學習。

她更想起十一年級剛擔任啦啦隊隊長的往事。那時，主力隊員的學長姐都畢業了，整個啦啦隊只剩七八個女生，根本無法上場表演，啦啦隊又招不到新血，尤其男同學更不願加入，Amanda非常難過沮喪，一度想著：「難道啦啦隊就要在我手中解散嗎？」

但PAS帶給Amanda的設計思考精神已在心中扎根，她開始思索解決的方法，第一步先運用自己的人脈去說服朋

友加入，接著又提出折衷方案，邀請男同學「友情支援」
她，也就是只參加表演，不必成為正式的隊員。最後在她
鍥而不捨的努力下，終於號召到二十多位男女同學一起排
練演出，維繫住啦啦隊的美好傳統。

一點一滴滋養灌溉出來的能力

「啦啦隊的經驗教會我，再難的問題都會有辦法解決，」
Amanda說，這也讓她有勇氣面對飯店經理交付的任務。
她先花幾週時間，觀察吧檯的工作，接著把需要改進的問
題和解決方案列表，並與主管討論，經理很滿意，笑著告
訴她：「Good Job！」鼓勵她開始實施。

　　但此時，職場的不友善和挫折如預期般迎面而來，有位
女同事因為不認同Amanda提出的改善方案，幾度和她大
吵，Amanda氣得大哭，但擦乾眼淚之後，還是紅著雙眼
再找對方溝通，在不斷磨合之下，終於前嫌盡釋。

　　在飯店實習的那段日子，Amanda每天幾乎都忙到很晚
才回家，夜深人靜時，她會沉澱下來細細思考，逐漸明白
原來在PAS的那些年，她所參與的一切，是一種「培力」

（Empowerment）的過程，她的領導力、溝通力、執行力和組織力，早在那段純真美好的歲月裡，一點一滴被滋養灌溉著，開始綻放出美好的成果。

大三暑假，Amanda到HP（Hewlett-Packard Company）的客戶互動策略部（Strategic Customer Engagement），擔任行銷實習生（Marketing Intern），科技業充滿創意的文化、自由自在的工作氛圍，員工的個性單純熱情，讓她非常著迷。而且她進一步發現，科技發展的最大意義是為人類解決問題，「這不正是我最大的興趣、最喜歡的事嗎？」

骨子裡的科技人基因也讓她躍躍欲試。「我是在科技業家庭和新竹科學園區長大的孩子，竹科的人都好溫暖好活潑，讓我也想當科技人。」仔細思考後，她許下心願，畢業後要進入科技業工作，投入行銷或業務領域。

遇到難題時，就想想16歲的自己

從旅館管理到科技業是很大的轉變，尤其康大旅館管理學院六成畢業生會進旅館業工作，另外四成在房地產或金融業，鮮少有人投入科技業。但Amanda不想自我設

探索夢想的路上
轉了好幾次彎，
每次遇到困難時，
Amanda都會想起
16歲的自己。

限，她一直記得Pamela常說任何事都不妨闖闖看，只要努力，什麼事都可能發生。

只是這個挑戰對Amanda來說十分沉重，大四上學期，身邊好友都已陸續找到工作，看著別人胸有成竹，自己卻毫無著落，心裡壓著千斤重擔。

但Amanda沒有放棄，前後寄出一百多封求職信和履歷，不停飛去全美各地面試，她尤其嚮往Google活潑自由與創意無限的文化，更喜愛Google產品有著「讓生活更好」的特質，然而投了幾次履歷到Google，連面試的機會都沒有。

當時的她很挫折，常在電話裡告訴媽媽：「我希望他們至少給我一個面試的機會，聽我講一講。」

辛苦了將近一年，大四畢業前夕，終於獲得Google面試的機會，再經過三次口試終於錄取，2018年7月進入Google舊金山分公司，擔任客戶經理（Account Manager）。

進入Google之後，第一項工作是要面對一百多家中小企業客戶，幫他們提升廣告效力，壓力非常大。一開始，Amanda一心想討好客戶，希望客戶採納建議，所以總是盡力滿足他們的要求，「但其實我知道，這不是我真正的樣子。」連主管都忍不住提醒，要她改變對客戶的想法和態度。

Amanda彷彿又回到多年前那個沒自信的小女孩，她許多次想起Pamela反覆告訴她的那句話：「我相信你做得到。」總能帶給她勇氣去展現能力，領導別人、說服別人，進而把事情做好。

「那就回到十六歲的我吧！」Amanda改變心態，以自信的語氣嘗試挑戰客戶或說服客戶改變，她不再在意客戶是否喜歡她，而是在意自己是否能提出專業的建議，幫助客戶做出正確的決定。

Google的主管也一如PAS的老師，希望激發她的潛

能，鼓勵勇敢去試，相信只要出發點是為客戶著想，放手讓二十三歲的菜鳥員工去和客戶老闆對談，又有何不可？

帶著美好特質 振翅待飛

從一個貪玩、迷惘的孩子，蛻變成積極、自信的科技人，Amanda說，她清楚看見自身在PAS累積的各種正向特質和能力，但她也知道，在傳統教育裡，這些特質或能力往往不重要，「傳統教育看重的，是學生數學有沒有一百分，生物有沒有一百分，因為這會讓你以後比較容易考上醫學院當醫生。」

然而，當她上了大學，走進職場，才知道PAS重視培育學生的領導力、溝通力、自信心和抗壓性的教育理念有多麼可貴，這幫助她闖過許多難關，一次次嘗到甜美的成果。

未來還有很長的路要走，但Amanda從容以對，她相信，這些美好特質將會陪伴她迎向更多挑戰，永不退縮。

邵冰如／採訪撰文

把不可能變可能的人生學校

「校長就像導航專家，為我們找到獨特的光譜，定位夢想，協助我們到達目標！」

孫毅安
Elvis Sun

PAS Year of 2015／在美國廚藝學校（Culinary institute of America）主修烹飪藝術以及餐飲管理（culinary arts, food business）

「如果沒有到PAS念書，我肯定不是現在的我！」眼前這個剃著大光頭、笑容陽光燦爛的大男孩Elvis，原本該在馬爾地夫工作，徜徉在藍天白雲的渡假聖地，卻被COVID-19疫情影響打亂計畫，回台灣準備創業。

Elvis熱愛餐飲工作，把握回台時間，到知名牛排館工作。「能幫客人製造難忘的快樂時光、寫下開心的一頁，是這份工作最珍貴之處，」他充滿熱情。

從小就是吃貨，對美食有無限熱情

從小就愛跟著媽媽進廚房，Elvis喜歡看別人吃美食時所散發的光芒，「嘴角的笑意是騙不了人的，好吃就是好吃。」而讓興趣變志向，開展築夢之路，是受到校長Pamela的殷切鼓勵，讓他從叛逆不羈到努力衝刺，從不可能到可能，申請進入全球最知名的美國廚藝學院（Culinary Institute of America，以下簡稱CIA），成為PAS創校後的第一人！這個大男孩心中有著建構餐飲王國的大藍圖，正在一步步實踐、持續前進。

「我從小就是個吃貨，」Elvis笑著說，小時候爸媽常帶著他和妹妹到餐廳吃美食，每次吃到一道好料理，他的腦中就開始盤旋思量：「這是怎麼做出來的？」也想如法炮製出一樣的美味。

　　不只思考怎麼做出美食，他還喜歡餐廳營造出的美好氣氛。愛上這種感覺的瞬間，至今他仍印象深刻，「台北曾有一家『安傑羅餐廳（Angelo Agliano Restaurant）』，第一次去那邊吃飯著實嚇到，那是一種被熱情歡迎的感覺，食物好、服務也好，被照顧的感覺，很暖。」

　　雖然不記得所有用餐細節，但「進餐廳時很開心、離開時更開心」的感受，卻深植 Elvis 腦海，那時他心裡浮現一個聲音：「好希望我也能讓別人擁有這種體驗，幫別人的人生寫下開心的一頁。」

　　Elvis 從小愛黏著媽媽進廚房，小男孩跟前跟後，有著媽媽就在身邊的幸福感，還有分享美食的喜悅。

　　「我媽媽是廣東人，小時候常跟著媽媽一起包廣東粽，包好之後分送給大批親友，親友都是媽媽的粉絲，很喜歡她的手藝，端午節前我和媽媽經常一起包到深夜，眼睛都快閉上了，手還在包，忘了自己是怎麼擊退睡意堅持下來的，只記得隔天跟著媽媽分送粽子給親友時，親友吃下第一口的笑容藏不住，那樣陶醉的表情，一瞬間包粽子的辛苦都退散了，」Elvis 說。

　　年紀還小的 Elvis，就被美食的巨大力量震懾住，「讓別人開心的魔法」、「有為者亦若是」的想法悄悄在他心裡

萌芽，灑下朝餐飲界邁進的種子。

　　Elvis回想，如果國中時沒有進入這所很不一樣的學校就讀，他應該就跟多數學生一樣，在升學制度之下拚分數、拚排名，「人生走向一定跟現在很不同。」學校改變了他的人生，而進入這個與傳統體制「差很大」的中學就讀，完全是一場因緣巧合。

因緣際會，闖入截然不同的教育體制

　　家住台北的Elvis，小學念的是台北市的公立國小，原本應該上公立國中、考高中、考大學，但是那個暑假，扭轉了Elvis的求學之路。

　　升國中那年暑假，Elvis的父親到馬來西亞工作，他和妹妹也跟著到馬來西亞玩，順便報名當地美國學校的夏令營，接觸了在台灣學校未曾有過的學習型態，覺得很有趣，得到很多啟發。

　　看到孩子們的反應熱烈，Elvis的父母認為不妨勇敢嘗試不同的教育體制，當時正好朋友小孩就讀於PAS，反應不錯，自馬來西亞回台灣後隔天就報名入學，Elvis和妹

妹正式成為 PAS 的七年級生。

　　從一個公立小學轉換到美國學校體制，Elvis 坦言「剛開始好痛苦！」在這個全英文教學環境，同學中不乏完全不會講中文的外國人，從全中文跳到全英文學習，他經歷過一段很長的磨合期。

進入全英語校園，想上廁所不敢開口說

　　Elvis 記得，他剛入學時不只是對老師上課內容「鴨子聽雷」，更怯於開口表達，連要去上廁所也不敢舉手說，還要請同學幫忙跟老師講。

　　上課模式也大不同，台灣的公立國中是「按表操課」，基本上同班同學就是上同樣的課。但 PAS 就像大學一樣，除了基本的共同科目之外，其餘的課程都是選修，每堂課坐在隔壁的同學都不一樣。

　　「當時很糗！」Elvis 回想那時上完第一堂課後，跟著剛認識的同學一起到第二節課的教室去，想說跟著同班同學準沒錯，結果坐在教室很久之後，老師點名都沒點到他，他不解為什麼沒被點到名？納悶許久後才發現自己根本不

是那堂課的學生。

「怎麼這麼難？」剛入學時挫折感滿滿，對英文並非母語、小學也不是念雙語學校的Elvis來說，在全英語環境中學習超級辛苦，下了課也不輕鬆，Elvis回憶：「每天回家功課一小時才寫兩題，因為看不懂題目。」剛入學那年，除了挫折、挫折，還是挫折。

Elvis說，跟他一起入學的雙胞胎妹妹適應很快，大概一年半的時間，成績就從後段跑到中前段，他的磨合期相對拉很長，至少兩三年，看妹妹進步快，壓力又更大。

不想念下去的念頭湧現，為此他曾跟父母吵架，氣憤的說：「這是我的人生，我從沒說要進這個學校。」爸爸卻只丟下一句：「這是你的人生，但在你能自己付錢之前，我決定！」

不適應、加上離家遠，Elvis就讀一年後，八年級決定轉到台北的國際學校就讀，「本來以為這樣就會開心了，沒想到並不快樂。」

「我不是很會讀書的小孩，在PAS不會因此受到鄙視，也不強求國數理化都要好，但轉學後才發現不是每間學校的理念都一樣。」在歷經一年後，九年級Elvis又重回PAS的懷抱，直至十二年級畢業，一路都在此就讀。

　　跟其它學校比較後，Elvis體認到這所學校完全不同的教育風格，也發現它的好。校長很願意花時間跟學生聊天，去找出學生適合什麼，「而不是因為你數學成績好，就要求你走這方面的路，也不是每個學生都要去念法律系、醫學系才優秀。班上四十個學生，Pamela一個個找到校長室聊天，了解你喜歡什麼，再從後面推一把。」

　　起初被校長找，Elvis心裡覺得怕怕的，「是不是我成績太差？」因為從小的觀念覺得被叫到校長室多半沒好事，沒想到Pamela邀請他坐著聊天，是要問他「對於學習，你有什麼想法？」跟校長面對面談未來，實在是新奇的體驗。

　　跟校長深談後，Elvis更確定未來想做關於餐飲及飯店管理的工作，Pamela了解後，也與Elvis的父母深談溝通，「你兒子對餐飲有興趣，做這行可能會累，但希望你們要支持他、當他的後盾。」家人知道後，都表示支持。

　　九、十年級與Pamela初步釐清未來方向後，十一年級更密切的會談，Pamela會依每位學生的興趣找出相關的學校，例如「Elvis，你喜歡餐飲，要不要試看看這所學校？」確立目標後，十二年級開始準備申請入學及考試，進入最忙碌的一年。

　　Elvis記得，有次他留在學校圖書館念書到晚上十點

多，經過Pamela辦公室她還在，原來是在幫學生查學校、分析錄取率。那一晚的燈光，Pamela認真工作的身影，一直深刻在他腦海中。

循循善誘，拉回叛逆的大男孩

事實上，Elvis與校長的關係，並非一直那麼「友好」。高中時期的他叛逆性格爆發，經常到校後就溜出校門，只是因為就是不想讀書，不管是到籃球場打球、咖啡廳泡一整天，或做什麼都好，Elvis就是不想待在學校。

Pamela曾經為此對他發脾氣，「她覺得我不負責任，不是因為我成績不好，而是想做的事卻不努力，浪費天賦，」Elvis記得某個星期五在學校被Pamela責罵後，直接摔了東西就走出教室。

那個週末，父親與他長談，Elvis承認自己的行為確實魯莽，至少摔東西這個舉動「很不紳士」，隔週一進學校時，他勇敢走進Pamela的辦公室向她道歉。

Pamela接受了他的道歉，趁著雙方心平氣和時鼓勵他：「要勇敢實現夢想！」她說：「Elvis你現在的位置在

這裡（Point A）、你應該在這裡（Point B）、你想要的在這裡（Point C），中間要經過一大段路，不可能憑空得到，要努力才能達陣。若是你不前進，將永遠到不了，只會一直停留在原點。」

Elvis一直記得那時與Pamela的對話，還有Pamela像媽媽一樣心疼他的表情，「難怪在這所學校，很多人說Pamela是人生中的第二個媽媽，她對學生付出很多，甚至比很多家長還操心，那天我深刻感受到了。」

也在那時，Elvis的父親給了他一本亞都麗緻飯店總裁嚴長壽的著作《做自己與別人生命中的天使》，他看到許多偏鄉孩子有能力卻沒有機會，相較於自己環境與條件都那麼好卻不把握，「心裡很羞愧」，他告訴自己要認真起來，努力實現夢想，不要只是空想。

Elvis記得當時他與父親約在辦公室談話，父親問他：「你看了書有什麼想法？」他說：「我覺得浪費了好多時間，別人都那麼努力，我卻沒有，很懊悔。」那天起，Elvis判若兩人，收起叛逆，認真面對學業、思索未來。

Elvis認為：「PAS是一間很不一樣的學校。」除了全英文教學、選修課之外，還有一個很大的特色是：有很多「手作、實作」機會。

開設餐飲社團強化實作，興趣不是紙上談兵

「我是不愛讀書的小孩，在傳統教育體制中可能已經被『放牛吃草』了。幸好PAS並不會一直強調主科類英數理化的分數，而是尊重每位學生的『天賦』，開設很多實作課程，讓學生有發揮空間，有的科目甚至根本不發考卷，而是直接實作，增加學習樂趣，」Elvis說。

「至於校長就像導航專家，幫孩子定位夢想，找到獨特的光譜，協助他們到達目標。」這是Elvis的深刻體會，他入學之前，PAS沒有餐飲課程，但當Pamela了解他的夢想後，為了協助Elvis，於是開辦烹飪社團，找來當過廚師的老師主持，讓Elvis擔綱社團助理，從中學習，朝著目標前進。

Elvis也記得，高中時他不喜歡化學課，本來選修「物理」，但Pamela告訴他，烹飪常需要用到化學技巧，還找了「分子料理（Molecular Gastronomy）」的影片給他看，Elvis想了想，覺得很有道理，第二天去主動換課，改修化學，「分享但不強迫」的教育方式，對他很有用。

餐飲業辛苦人盡皆知，為了測試有多熱愛這行業，Pamela鼓勵Elvis「試試看」。高三時他前往曾讓他驚豔

為了支持Elvis追夢，學校開辦了烹飪社團，2018年遷到新校地後，更增設專業的廚藝教室。

不已的安傑羅餐廳，請求主廚提供他實習機會，「那年剛升上十二年級，星期一至五在新竹念書、星期五晚上回台北實習、週末也一樣，下班往往都是深夜一兩點了，」但Elvis不言苦，覺得有機會嘗試、吸取經驗，是很棒的事，也更確定這是自己喜歡的路。

「去嘗試、去碰壁、去遇到問題」是Pamela希望學生去做的事，她不鼓勵學生抄捷徑，不喜歡學生用「補習」解決問題，寧可讓孩子跌跌撞撞，從困難裡面培養解決問題

的能力，扎實的走好每一步。

「勇敢向前走，碰壁就換一條路走，如果沒有碰壁，永遠不知道換條路還能看到不一樣的風景。」這是 Pamela 常掛嘴上的教育理念，也是 PAS 的行事作風，這讓 Elvis 學會面對與堅定，知道自己要什麼，不輕易退縮。

考取 CIA 創先例，「我一直都相信你可以！」

從討厭念書，到為目標而衝刺，Elvis 拚盡全力，過程的辛苦自不在話下。他原本非常討厭考試，校長 Pamela 對他說，面對必要的考試必須「增強、補弱、抓機會」，強的科目要更強，弱的科目至少要跟別人相當，並且把考試當成一個過程、一顆必須越過的石頭，把眼光放遠在未來想做的事，有了這個心態的上轉念，準備考試的過程就會變得不那麼排斥，也更加得心應手。

汗水沒有白流，確定錄取 CIA 後，Elvis 立刻飛奔到 Pamela 辦公室，緊緊抱著 Pamela，臉上盡是喜悅的眼淚。

CIA 創建於 1946 年，有超過七十年的教學歷史，是美國所有的烹飪烘焙廚藝學院中的佼佼者。成為 PAS 第一位

考上這所學校的學生，可說是寫下紀錄。而 Elvis 從成績後段班，到錄取餐飲界的夢幻學校，他自己都覺得：「真的意想不到。」

但是 Pamela 卻對他說：「我從來沒有懷疑過，我一直都知道你可以。」這種信任感讓 Elvis 感動不已，「原來我是可以的，而且你一直相信我。」

Pamela 的鼓勵，讓眾多學生們激盪出無比潛能。而這份關心超越校園圍牆的藩籬，她把學生當成家人，不分在校或畢業，「有問題 Pamela 隨時都在，」Elvis 到美國念書後，依舊經常接到 Pamela 的訊息，為他加油打氣。

加倍努力，為了成為更好的自己

CIA 是一所非常嚴格的廚藝學校，「考得上也不見得畢得了業，」Elvis 開學的第一天就被震撼教育，從老師口中知道大概會刷掉 80% 的學生，他當下告訴自己：「都已經努力從一個壞學生走到這步了，不畢業怎麼可以。」

而對於一位從台灣到美國念廚藝學校的學生來說，文化差異是最需要迎頭趕上的，例如老師講到「Mother Sauce

（法式五大母醬）」時，在地的學生都習以為常，因為那是他們生活的一部分，Elvis 卻一頭霧水，連是哪五種都搞不清楚，所以他只能拿出加倍的努力。

在 CIA 就讀的那四年，Elvis 永遠第一個到教室，比教授還早到，下課就到學校餐廳打工，因為深知自己能力不足，怕追不上，打工可以「接地氣」，接觸更多當地當令的食材。而當時的他要上課、要打工、要念書，彷彿跟時間賽跑，常常一天只能睡兩三個小時。

Pamela 知道走餐飲這專業很辛苦，經常傳訊息問 Elvis「累不累？」讓在異地的他倍覺溫暖。「當碰到挫折時，Pamela 的鼓勵就像在後面推一把似的，告訴我：『You are not alone！』」終於在四年後如願拿到 CIA 畢業證書。

每每覺得辛苦、疲倦的時候，Elvis 就想起 Pamela 曾經叮嚀他的：「要常問自己，『做這件事的初衷是什麼？』『是為了什麼而堅持？』」莫忘初衷，朝著目標徐徐前行，那麼現在走的路、做的事、流的汗，都不會白費。

「成為一個更好的自己！」Elvis 感動地說：「PAS 不只是一所學校，而是我的人生學校。」

黃筱珮／採訪撰文

相信自己，海闊天空任翱翔

「我終於找到一個可以安心的探索興趣、喜好，也能充分滿足我好奇心的地方。」

蔣尚谷
Julius Chiang

PAS Year of 2013／加州大學戴維斯分校（University of California, Davis）管理經濟學士（Bachelor of Science: Managerial economics）／現為天西航空（Skywest Airlines）副駕駛（CRJ First Officer）

COVID-19新冠肺炎疫情在美國逐漸降溫，美國國內各城市的飛航班機陸續恢復，各大航空公司2021年春天開始招聘機師。PAS 2013年的畢業生Julius等待好久的機會終於來臨。

5月11日，他穿上天西航空（Skywest Airlines）公司機師制服，開始第一趟IOE（Initial Operating Experience），要在四天之內完成洛杉磯、雷諾（Reno）、奧馬哈（Omaha）、西雅圖城市間的數趟飛行。IOE中文稱為航路訓練，是每一個培訓機師正式飛行的最後一哩路；拿到IOE，才能取得駕駛員資格。

變成自己小時候想成為的人

Julius目前的飛行執照是龐巴迪CRJ（Canadair Reginal Jet）機型，為加拿大區域客機。而天西航空是北美洲最大的區域航線航空公司，航線遍及美國、加拿大、巴哈馬、墨西哥，每天在250座城市有2,300多次航班。

「我記得上一趟實習（Observation Flight）在鹽湖城機場，要跟著資深飛行員們一起飛，觀察他們在駕駛艙裡的飛行狀態，」那也是Julius第一次穿上全套機師制服，和學長一起走在機場裡。無論是三歲、五歲，或是十幾歲孩子們，看著他們的眼神都會露出崇拜和羨慕，然後拉拉爸

媽的手說：「我以後也要像他們一樣！」

「這不就是小時候的我嗎？那種變成自己小時候想要變成的大人的感覺，真好！」他露出滿意的表情，笑著說。

「變成自己小時候想成為的人」對Julius來說並不容易。

他在七年級升八年級暑假跟著家人從德州休士頓搬回台灣。剛回台灣時，語言、文化、生活環境完全不同，連食物都吃不習慣，「心裡很煎熬，每天都很困難。」

回想當時正值青少年期的自己，很多茫然、惶恐，不知道前途在哪裡、自己要往哪邊走。偏偏每次家庭聚會時，他最常遇到長輩問：「你大學要念什麼科系？以後要做什麼啊？」

「我心裡常常想，我連今天晚餐要吃什麼都還沒想好，怎麼知道會知道自己十年後要做什麼？」這些長輩的關心，排山倒海成了Julius無形的壓力，他愈來愈不快樂、愈來愈沒有自信。

生活適應遇到困難，爸爸媽媽為了減少Julius適應學校的壓力，尋尋覓覓後，幫他找到當時還在清華大學旁，和光復中學共用校區的PAS。

「Julius其實有ADHD（注意力不足過動症）的問題，」校長Pamela對她和Julius的第一次見面印象非常深刻。

當時Julius和爸爸媽媽一起到學校聽入學說明會，「說明會開始沒多久我要發簡章，他立刻站起來說要幫忙。這年紀的孩子，這麼主動真的很少見。」後來Pamela才知道Julius在美國被小兒科醫生確診ADHD。

確診ADHD的資優生

在美國被確診ADHD的同時，Julius也經過專業檢定為資優生，加入美國教育部為有天賦孩子開辦的「天才資優教育計畫」（Gifted and Talented Program, GT），每週固定時間和其他GT學生一起上課。

Julius回憶：「當時在美國，除了GT之外的學校，我都不喜歡去。因為那些學校的上課方式比較傳統，大部分只能坐著聽老師在台上講課，下課以後把課文內容背起來，我總覺得很無聊，也很容易分心。」

GT班就不是這樣了。老師如果要教「德州的首府在奧斯汀（Austin）」，會先以班上和奧斯汀同名的孩子舉例，問大家：「所以他也是首府嗎？」待孩子們哄堂大笑回答：「當然不是！」老師接著問：「為什麼不是呢？那

奧斯汀為什麼會變成德州首府呢？」巧妙帶入德州歷史、
墨西哥移民怎麼來……

「老師不直接告訴我們答案，而是要我們想一想、自己
找答案。因為覺得這是我自己發現的，我就會特別有成就
感，也願意繼續研究，」Julius笑著說，這比費盡唇舌在
講台上講一個小時奧斯汀的歷史更有用，「如果強迫我記
住德州首府，大概十分鐘後就忘了。」

正當Julius逐漸開始享受學習樂趣時，就得跟隨著爸媽
回台灣了，他說：「從小聽說台灣教育走填鴨路線，那時
真的很緊張。」

在歷史課中，學會尊重和欣賞

入學的第一天，Julius帶著忐忑不安的心情去上學，那
天他的課表上有一堂「世界歷史」。走進教室的老師是
Alexandros Vassilakis，學生都稱他Lex。

Lex上課的標準配備是一杯熱茶、幾枝白板筆。Lex上
課不帶教科書，而是走到講台前就開始「說故事」。

Julius回想自己一開始有點放空，但沒多久就不自覺被

Lex吸引，「因為老師太會講故事了！」他說，Lex可以從兩河流域講到馬雅文化，再從古埃及講到第一次世界大戰，邊說故事，邊用手上的馬克筆畫地圖、埃及金字塔、世界大戰的作戰圖，都好精彩。Lex讓Julius學會尊重歷史，更懂得用不同的角度欣賞歷史。

歷史課對Julius來說不再是「一門課」，他完全投入其中。他說：「我開始想為什麼巴勒斯坦地區會有這麼多衝突？為什麼維吾爾族和中國的關係會變成這樣？以往毫不關心、覺得離自己非常遙遠的新聞事件，也開始發現它們和我切身相關。有時間我就上網找資料、讀全球各地的媒體報導、不同觀點，想弄清楚前因後果、找出問題的癥結。第一次，我感覺自己和世界有連結。」

「在遇到Lex之前，如果有人問我全世界最無聊的地方是哪裡？我一秒就可以回答：博物館，」Julius笑著說，從小到博物館永遠只看到好多盒子裡面裝著好無聊的東西，配上一張寫滿密密麻麻介紹的紙。

他問爸爸：「可以把這些東西帶回家嗎？」爸爸說不行；問媽媽：「我可以摸摸這些東西嗎？」媽媽說不可以。「於是我自問：那我來這裡做什麼？」

上了Lex的歷史課後，他在太空博物館看到月球岩石，

會想到NASA得花多少努力才能把太空人送到月球，再把石頭帶回來，讓地球人可以一窺月球表面的樣貌；看到一個1,400年前的陶瓷碗盤，他也可以靜下心揣想當時庶民的日常生活，「我現在懂得樂在其中，都要謝謝PAS歷史課的啟發，」Julius說。

生物課，喚醒沉睡的學習興趣

另一堂對Julius影響深遠的，是蔡老師（Nelly Tsai）的生物課。

「無論我問多笨、多奇怪的問題，蔡老師永遠都能耐心回答，鼓勵我自己去實驗。成功了，她跟我一起研究為什麼成功；失敗了，她陪我找出失敗的原因，」Julius舉例，有一堂課上到卡路里和能量，老師拿出美國小孩最愛的高熱量零食起司球和蘋果乾，請學生把兩種食物當燃料分別燃燒，再比較看看燃燒後可以使水的溫度上升幾度。

Julius記得那堂課大家一面吃起司球、蘋果乾，一面做實驗，最後發現起司球一下子就燒起來，而蘋果乾卻得花比較久時間，「蔡老師帶我們走出教室，走進真實世界，

讓我知道生物、理化跟我有什麼關係，也讓我了解為什麼中學生要學科學。」

「學校用不同的方式激發我的學習興趣，」Julius很喜歡學校老師先拋出一個問題讓他去想「我該怎麼解決」的教學方式，引發學習動機。為了想要解決問題，Julius便主動到圖書館翻書、上網找答案，產生一種良性循環，也愈來愈能從中得到樂趣。

「說真的，剛進入PAS時，我的狀況並不好，不知道自己為什麼要讀書、要上學，」Julius說，離開美國、搬回台灣，好不容易建立的同儕依附、情感支持完全歸零，他一個朋友都沒有。而台灣「寧為雞首、不為牛後」的傳統教育，讓他很疑惑：「如果每個人都當老大、當隊長，那誰要當小隊員？我們怎麼一起合作完成報告？為什麼不鼓勵每個人各司其職，發揮自己最擅長的角色，而不要把光環集中在某一個人身上？」

Pamela看見了Julius的掙扎和困境，鼓勵他選修國際關係課程、參加模擬聯合國，Pamela認為：「適才適性、讓學生快樂地在他們有興趣的領域學習，是教育最重要的目的。」

對凡事都好奇、喜歡發表意見、熱愛打破既定框架、

想法天馬行空的Julius，在MUN課中，果然找到了更多「求知」的熱情和慾望。

「每堂課我們都得想破頭找克服困難的方法，沒有固定的、正確的答案。老師怎麼評分？我們其實不太在乎，因為每個人都樂在其中。」儘管已經畢業多年，但想到當年MUN課堂各種有趣的片段與回憶，Julius還是常常忍不住笑出來。

社團帶來歸屬感

「我最喜歡MUN大家分配任務、團隊合作的時候，」他回憶：「我們這組有個組員打字超快，就負責把對方的論點在電腦上速記下來；有個人說話超快，但他無法記任何筆記，就負責在台上和對手辯論；另一個組員，除了上學、睡覺，簡直就是3C不離身，就負責在網路上找資料，讓隊友可以言之有理。我們是一個組織嚴密的團隊，沒有誰是主角，光環也不會集中在某一個人身上，我好喜歡那樣的氛圍與歸屬感。」

在學校師長的帶領，與同學的陪伴下，Julius很快地適

應新生活。十年級以後每天都在學校忙著做專題報告，或是和同學討論到晚上八九點，再從新竹坐客運回台北，「我終於找到一個可以安心探索興趣、喜好，也能充分滿足我好奇心的地方。」

Julius坦言美式教育有時太過自由，讓他「放太鬆」，而PAS在美式教育中適度加入亞洲教育的嚴格、紀律，讓他養成自律的習慣，反而是當時的他最需要的。

準備SAT的過程就是如此。

Julius的個性，容易對很多事情都保持好奇心，但也無

純美式教育強調自由，對Julius來說反而不是好事。他非常感謝PAS教會他自律，對他日後的追夢路非常有幫助。

法聚焦；外表看起來很聰明，卻總是三分鐘熱度，「對我來說，考試最大的挑戰，並不是考試內容本身，而是要如何專注在考試上。但大部分人不會理解我的困難，也不懂我在說什麼，他們就覺得『反正考不好就是你不會』。」

因為不肯面對弱點，他會用「這考試太簡單了，我不想做」的狂妄，替自己考很差的成績找藉口。所以當同學積極準備 SAT 考試時，只有 Julius 還一派悠閒，下課就沉浸在 3C 世界裡。

學校裡的虎媽，對症下藥

Pamela 把 Julius 找去談話，要他誠實面對自己的學習障礙和弱點，才能解決 ADHD 帶來的學習困境。後來更化身「亞洲虎媽」，把 Julius 帶回她家，沒收手機、電腦，桌上只留下一本《SAT 5000 字》，規定他要背完兩百個字才能出來。

Julius 說：「我記得 Pamela 那時只丟下一句話：『你說你會，就證明給大家看！』」

「我一開始覺得，天呀，這根本是在坐牢，但現在想

想，其實這才是對症下藥，」Julius回憶，在Pamela的堅持和陪伴下，他從一開始只能坐在椅子上五分鐘就忍不住站起來閒晃，慢慢進步到十分鐘、十五分鐘，最後竟然可以專心讀書四十分鐘。

因為這樣的訓練，Julius不只完成三個半小時SAT考試的不可能任務，更拿下2050分的好成績，順利申請到《U.S. News》美國大學綜合排名全美前三十名的南加大（USC）。

「這段經驗對我的人生有太大的意義，」Julius說，這是第一次有人相信他可以克服ADHD，讓他學會自律，相信自己可以跨越障礙，並且達成目標。「PAS最適合我的部分，是他融入了東西方的教育精髓，這不是我習慣的，但絕對是我那時候最需要的。」

父親給予的挑戰，為自己負責

開心計劃畢業後就要到洛杉磯邊念書邊享受南加州沙灘、陽光、好萊塢的Julius，在PAS的最後一學期開始蹺課、不交功課、不去考試，即使學校下了「太多F

（Fail，不及格）就不能畢業」的最後通牒也不怕，直到爸爸有一天告訴他：「你根本沒有長大，也還沒有準備好去念南加大。」他才知道自己麻煩大了。

不讓Julius去南加大報到的爸爸，買了兩張機票，親自把Julius帶到北加州距離舊金山兩個小時車程的酒鄉小城市佩塔盧馬（Petaluma），幫他租了一間小公寓，申請好佩塔盧馬的兩年制社區大學，留給他兩千元美金的生活費後，就回台灣了。

他問爸爸：「兩千塊錢是多久的生活費啊？」爸爸告訴他：「其他的錢，自己想辦法打工掙！」

從衣食無缺、興高采烈要到南加大念書的大少爺，一下子成為在鄉下讀社區大學、得自己賺生活費的落難王子，Julius知道這是爸爸給他的挑戰，要他學習為自己負責任，成為真正成熟的大人。

落難點子王，意外找到人生志向

咬緊牙關，Julius開始半工半讀。學校沒有課的時候，他就到超市打工，除了在熟食部切火腿、烤披薩、做三明

治，還要支援雜貨部、烘焙部、肉品部。有一次為了清潔切肉機，不小心切掉手指的一塊肉，當場血流如注。

而因為公寓正好位在佩塔盧馬市立機場的航道上，每架要起飛的飛機都會從他的頭上飛過去，意外讓他想起從小對飛行的熱愛。

「我爸爸在1970年代就是一個業餘飛行員，我覺得我的血液裡，應該一直對航空有同樣的熱情，」Julius回想從小和爸爸、媽媽出國旅行，最喜歡的部分就是「機場」，他總會被航廈落地窗外一整排的飛機，或是跑道上正在起飛、降落的飛機吸引而和爸媽走散，「香港機場、洛杉磯國際機場、休士頓機場、北京機場、上海機場……都有我爸媽到處找我的紀錄。」

沒有錢，又想體驗飛機翱翔的感覺，怎麼辦？

點子王Julius靈機一動，利用週末在機場用「清洗飛機外觀」交換「免費搭乘私人飛機」，因為他洗得又快又好，很快成為私人飛機老闆們最喜歡的「洗飛機小弟」，生意愈來愈好。除了有機會搭乘最新、最炫的私人飛機，Julius也存了一筆到飛行學校學開飛機的學費，開始去學開飛機。

但其實那時的Julius，只是想把開飛機當成業餘休閒，

「人生好像還是得去念個好大學，追上同學腳步。」

他說，自己的好朋友們當時都在紐約大學（NYU）、萊斯（Rice）大學、常春藤聯盟的哥倫比亞（Columbia）大學這些很厲害的學校讀書，儘管已經從社區大學轉學到加州大學戴維斯分校（UC Davis），好勝心強的他難免感到有些不如人。

「我的未來在哪裡？我以後要成為怎麼樣的大人？」和自己對話的同時，Julius想到Pamela從前經常告訴他的：「每個人都有自己專屬的舞台、自己的定位。」

隨著每一次的飛行，一手握操縱桿、一手拉推力桿、收起起落架，靠自己的力量把飛機飛起來的過程，地面上的建築物、人、車愈來愈小，Julius對自己未來的方向卻愈來愈清楚：「我的舞台，就在駕駛艙中、在藍天白雲之上。」

展翅，飛出一片天

2018年3月大學畢業後，Julius全心投入飛行訓練，花了一年半的時間拿到飛行執照。2020年2月，他通過天西航空考試成為培訓機師；2021年5月完成IOE，成為正式

的副機師，飛出一片屬於自己的藍天。

「飛行這條路上我才剛開始起步，但我很高興，自己已經開始，」Julius說自己小時候覺得「成功」的定義是：走在一條自己想走的路上，「我現在總算了解，路途上的跌跌撞撞，都只是為了把自己準備好，以後才能成為更棒的人。」

Pamela則說：「學校的任務，就是幫孩子找到屬於他的定位。沒有不讀書的孩子，只有找不到自己興趣和學科的孩子。」這個曾經讓她頭痛的孩子，終於找到自己的舞台。

Pamela翻著手機裡兩年前訪美時，Julius特地邀請她搭上自己駕駛的小飛機，載著她在加州天空翱翔的照片，忍不住嘴角上揚、笑得非常滿足，她說：「只要讓孩子有成就、被肯定，對自己有信心，他們就有能力在不同的人生階段，定義和重新定義自我和對未來的追求。」

而問起Julius想跟八年級那個徬徨、沒有自信的自己說什麼？他則是歪著頭想了三十秒，露出大大的笑容說：「不要想太多，放輕鬆。Everything will be fine!」

朱乙真／採訪撰文

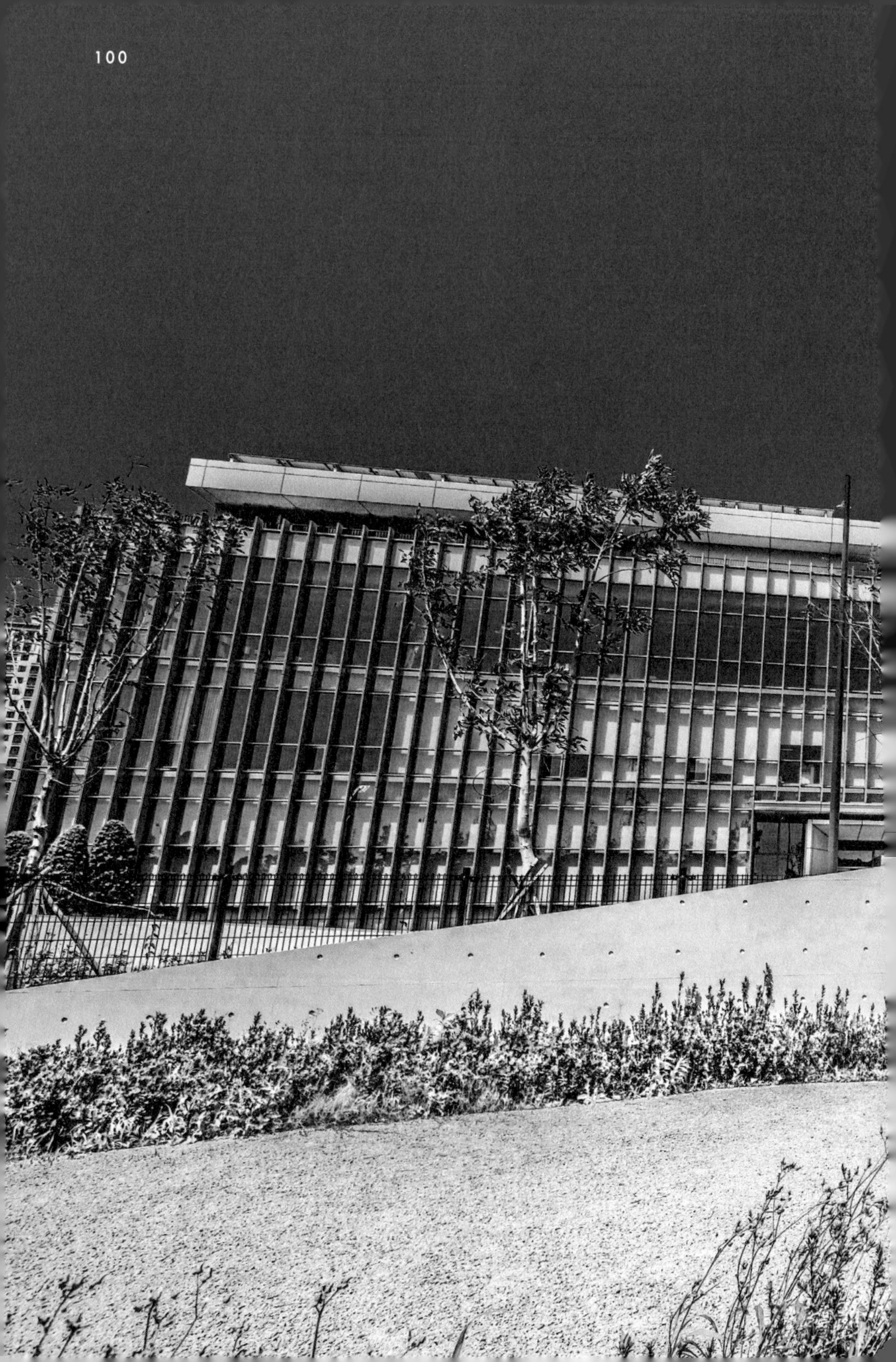

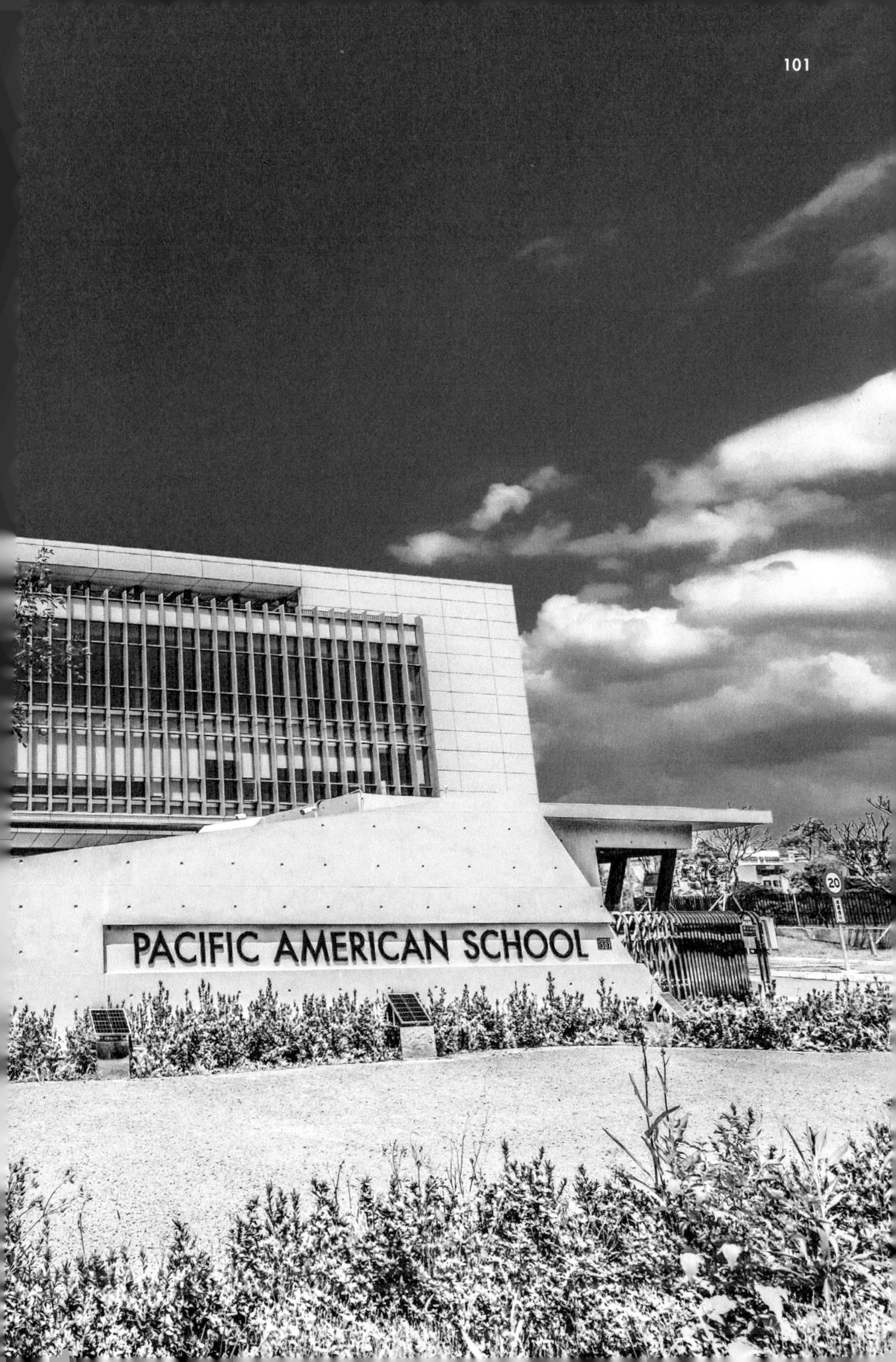
PACIFIC AMERICAN SCHOOL

耐心等候繁花綻放那一天

「學校『不對自己設限』、『不試怎麼知道做不到』的教育理念，一路滋養著我成長。」

徐思惟
Alyssa Hsu

PAS Year of 2015／加州大學洛杉磯分校（University of California, Los Angeles）哲學系（Department of Philosophy）畢／現就讀伊利諾大學醫學院（University of Illinois College of Medicine at Chicago）

PAS的教育有一種堅持，不先為孩子設限，而是給他們時間，讓他們摸索、思考，當水到渠成的那一天，孩子自會閃耀獨特的光。

二十四歲的Alyssa正是這樣的孩子。2021年春天，她申請上了美國伊利諾大學醫學院，要走向一條全新的路，在此之前她是個讀哲學系的女孩，少女時代曾極度沉默害羞，心裡常常藏著難以言說的焦慮與不安。

失眠的小學生，總擔心考不好

Alyssa的父親是大學教授，母親是牙醫。她是家裡的第一個孩子，從小安靜話少，小學就讀新竹市的龍山國小，乖巧用功，功課作業從不馬虎，考試前還會主動坐在書桌前認真複習。

看似平靜柔順的外表下，小小的心靈卻藏著陰霾，因為她好想好想考進前三名，但成績往往差那麼一點點。

到了小學五年級，每逢月考前，Alyssa會緊張到失眠，即使苦讀至深夜，躺上床後的腦子裡，彷彿仍有許多焦慮的小魚游來游去：「國語考卷會不會很難？」「萬一數學我都不會怎麼辦？」「社會科是不是還有哪裡沒背熟？」

才十歲的孩子竟然會失眠，媽媽看在眼裡，疼在心裡，她知道Alyssa是個比較安靜壓抑的孩子，不會主動說心

事，也從不吵鬧反叛，她很少要求 Alyssa 的成績，只希望她能快樂學習，卻沒想到孩子竟給自己這麼大的壓力。

媽媽決心為女兒換個環境，四處打聽後，有一天她告訴Alyssa：「我找到一個學校，先去上上看，能不能減輕一些課業壓力。」

Alyssa 乖順的答應，先去試讀一天。當時 PAS 剛創校，校舍很小，同學很少，一班只有十幾個人，雖然大家都說英文，但老師上課好像在聊天。Alyssa 默默坐在一角觀察，不敢開口說話，心裡卻泛起微微的歡愉和輕鬆，回家後她告訴媽媽：「我很喜歡那裡。」從此，她成了這所學校的一員。

但是，光喜歡並不代表一切順利。剛入學的第一個學期，Alyssa 面臨了語言和文化的衝擊，當時班上同學多數有美國成長或就學背景，甚至曾經就讀過其他美國學校，英文都很流利，也很活潑外向，在課堂上會積極表達，跟從傳統教育體系出來的 Alyssa 非常不一樣，她有點驚訝，但是告訴自己不能害怕，加上老師和同學都很友善親切，也讓她不至於那麼緊張或者自卑。

媽媽也全力幫助 Alyssa 度過初期的適應難關，長達大半年的時間，媽媽每天晚上為女兒陪讀，幫忙查單字、複習

上課內容，同時觀察女兒的心情，是否因為換了新環境而更加不安，而 Alyssa 也漸漸學會放過自己，不再為考試焦慮，輕鬆快樂的笑容終於回到臉上。

羞怯的青春，角落裡的女孩

升上七八年級之後，青春期的 Alyssa 有了新的困擾，原本就內向文靜的她，開始變得愈來愈不愛說話。在校內的團體生活中，她非常害羞，不敢主動跟別人攀談。除了上課時為了討論不得不主動開口之外，其他時間，幾乎都隱身在一群人的外圍或角落裡，是最安靜的那一個。

多年後，Alyssa 回想，那時學校裡有很多社團活動，她常常看著別人成群結隊聊天嬉鬧著，輕鬆地和彼此打成一片，有些人甚至能成為核心焦點，「我會在遠處看著他們，我很羨慕，但就是沒有勇氣走過去……」

例如，運動會有很多分組項目，同學們會自動三五成群湊成一組，她雖然可以和少數兩三個好友同一組，但在運動場上，一大群人興奮大喊加油，又笑又鬧時，Alyssa 完全沒辦法融入。她不敢多說一句話，怕說得不好不對，怕

別人不理她，更怕自己不知如何回應別人⋯⋯

內向害羞的性格困擾著Alyssa，她覺得自己交不到朋友，不知道怎麼辦，又擔心大人們會認為這不值得困擾，長大後自然會好轉，所以也不敢敞開心房和媽媽或老師討論，失落、難過的情緒常盤據心頭。

那是一段有點慌亂的歲月，Alyssa表面平靜乖巧，心裡卻波濤起伏。幸運的是，閱讀給了她很大的慰藉。

Alyssa從小喜歡看書，可以在各種文學作品裡沉澱心緒，並細細探究、摸索著心裡最深層的感受。進了這所學校之後，老師上課的方式與一般學校不同，依據不同主題進行研究，分組報告，撰寫essay（以短文或論說文做為課程作業）更是常態。

在這個過程中，慢慢的，Alyssa試著用文字代替語言，表達各種觀察和想法，不知不覺中，她愈來愈享受這樣的過程，彷彿成了一種出口，在寫下每一個字、每一句話的時候，同樣是「表達」，但她不會害怕、也無需緊張。

尤其升上十年級之後，Alyssa的作文成績愈來愈好，老師常常給她A+，還稱讚她的寫作。她也喜歡寫詩，常在學校的作文競賽中得獎，讓她建立起一點點信心。

同一時間，她參加了模擬聯合國，因為參與MUN的每

個學生都要先當會員國代表（Delegate），上台為自己代
表的國家演說和辯論。Alyssa希望透過MUN，訓練自己
敢站在人前表達看法，她告訴自己：「我不能再躲了，一
定要踏出這一步。」

MUN當記者，打開不敢開的窗

　　不久之後，MUN指導老師Buscher希望Alyssa轉換為
記者身分，旁聽並紀錄每一次會議的內容，整理大家的討
論，還要在會議結束後，主動採訪與會者的看法。

　　對於不太敢主動和別人說話的Alyssa來說，「記者」是
她從來沒想過的工作，她有點無措，但老師鼓勵她：「你
作文很好，而且善於傾聽又細心，當記者沒問題。」溫暖
的眼神中，充滿著對Alyssa的信任。

　　Alyssa硬著頭皮上陣採訪，逼自己主動上前開口訪問別
人，每次受訪的同學都會給她熱情的回應，也讓她有勇氣
繼續問下去。而在不斷來回的問答中，Alyssa一點一滴培
養出自信，「我不再怕說錯或問錯話了，也能在問答之間
很自然的和對方交流，」她很開心，不再是那個難以融入

人群的害羞女孩。

在MUN，Alyssa看見自己的進步，也很珍惜老師給她的機會和鼓勵，認真的旁聽、採訪、寫新聞，好幾次看見自己的新聞稿刊登在期刊上時，更是開心不已，她愈來愈喜歡這個角色，並連續三年在MUN擔任記者一職。十一年級時又通過甄選成為學校的代表團團員，遠征荷蘭海牙參加國際的MUN大會。

在海牙，對Alyssa是一次更大的試煉和訓練，那裡的MUN規模比校內大上幾十倍，來自世界各國的學生有數千人，她以「台灣記者」身分，被丟進大會的記者團，團裡有數十名不同國家的模擬記者，每個人每天要根據總編輯分派的任務去採訪並準時交稿。

身處這樣的團體中，每個記者都很活潑外向又積極，再加上要採訪來自各國的陌生臉孔，不像在校內，採訪對象多半是同學或學長姐。Alyssa一開始心裡很緊張，擔心做得不好，不如別人，要開口採訪其他不同國家的陌生人，對她來說也不容易。

但Alyssa知道自己沒有退路，非上陣不可。於是，每一次出手前，她都先深吸一口氣，在心裡給自己打氣：「要交稿了，非去不可，上吧！」

多年後，每次想起從學校的MUN，以及在海牙的經驗，Alyssa終於明白媽媽和老師們並不是不管她的問題，只是默默在一旁關注、等待，適時引導她、鼓勵她，讓她發揮寫作的專長和潛能，用記者的角色，去打開那扇她原本沒有勇氣打開的窗。

侃侃而談的小創業，媽媽驚喜

透過思考、閱讀和寫作，Alyssa慢慢摸索出適合自己的路，從十歲到十七歲，Pamela看著Alyssa逐漸發出獨特光芒，每次看著她的作文，更發現她很有想法且與眾不同，「內向」不該再是她身上的標籤。

Alyssa十二年級時，學校開辦企業家創意創業課程（Entrepreneurship Program），鼓勵學生運用科技與提出思想創新（Technology and Idea Innovation），Pamela建議Alyssa參加：「你很不一樣，去發揮更多的潛能。」

Alyssa和同學組成團隊，做出一款針對青少年的線上心理諮商流程，不但有兼顧青少年隱私的貼心設計，更有縝密的商業模式。這個作品最後在成果發表會上，由Alyssa

代表團隊接受評審老師的提問。

　　Alyssa的媽媽聽到Pamela轉述，得知女兒自信篤定的說明作品內容，還能從容不迫的回應一切質詢，更深知女兒把成長經驗運用在作品裡。媽媽又驚又喜，幾度紅了眼眶，緊握著Pamela的手：「Alyssa真的不一樣了！」

進 UCLA 哲學系，「我的心慢慢強大」

　　準備申請大學時，Pamela鼓勵Alyssa，不要放棄在文學和寫作方面的優勢，建議她何妨試試選讀哲學系，先在最適合的領域中站穩，未來可以再改攻法律或政治，甚至更多不同的領域。

　　哲學？這是Alyssa不曾想過的選擇，但她並不排斥，更難得的是父母也樂見其成，他們鼓勵女兒勇敢去多方嘗試，最後Alyssa順利申請上了加州大學洛杉磯分校（UCLA）哲學系。

　　2015年夏天，在媽媽的陪伴下，Alyssa到UCLA報到，而當媽媽陪著她看過校園，安頓好生活，終於離美返台之後，Alyssa才感受到，從此，她完完全全落在一個全然

陌生的環境了，Alyssa決心放下心中那個害羞怕生的小女孩，她先從同寢室友開始，學著主動交朋友，兩個女孩朝夕相處後很快成了好友，穩定了Alyssa的心情。

接下來，Alyssa的自信心快速萌芽，個性逐漸開放，她很喜歡哲學系的課程，以前在課堂上不太敢主動舉手的她，在UCLA會積極爭取發言侃侃而談。在人際關係上，也可以輕鬆交到新朋友，再也不會羨慕別人。她彷彿看見自己的內心一步步強大，「我想清楚一件事：其實我不需要成為人群中的焦點，但我知道自己在群體中不再感到孤單。」

從小煩惱的人際關係，終於有了出口，眼下還有另一個難關，需要Alyssa去克服，那就是哲學系的必修課邏輯課。因為中學時期她的數理成績普通，甚至很怕數學，因此認定自己應付不了這堂邏輯課，大一開始她也的確學得很吃力，每次寫報告總是一籌莫展。

那陣子，Alyssa又失眠了，但這次她很警覺，提醒自己不能再回到十歲時的那些夜晚，尤其媽媽不在身邊，她一定要學著獨立，克服性格裡容易焦慮緊張的情緒。

睡不著的時候，她正面迎戰，起床散步，在夜深人靜時，頂著月光，沿著宿舍周邊的小徑慢慢走，邊走邊思考焦慮的根源和解方，最後決定隔天去找系上助教，把課堂

上不會的地方，請助教再教一遍。

　　一次次的散步思考加上助教幫忙，Alyssa順利度過邏輯課的難關，她不再失眠，也體悟自己原來在PAS早已不知不覺練就出獨立和解決問題的能力，而且她建立起更深更強大的自信心，認為：「我連邏輯課都可以克服，未來還有什麼好怕呢？」

決心學醫，探索生命難題

　　學習哲學也引導了Alyssa進入探索生命與醫學倫理的領域，大三時她選修生物醫學為輔系，並參加多項疾病與基因相關的研究計畫，愈學愈有興趣，決定大四畢業後申請就讀美國的醫學系學程（四年制的學士後醫學制）。

　　她到加州一所醫院擔任醫師助理，希望多了解臨床實務。有一回，診所收治一名泌尿系統出問題的失智老人，每到半夜總會發狂般的扯掉身上的導尿管，讓護理人員疲於奔命；但由於他的家人請不起二十四小時的全天看護，最後只能同意院方，每晚睡前把老人五花大綁在病床上，讓九十多歲的老爺爺動彈不得。

那個畫面讓 Alyssa 很震撼，原來生命和科學的拔河，是一場如此殘酷的戰爭，而醫療照護與人性尊嚴之間，又有那麼多無可奈何。這更讓她下定決心要走上行醫之路，窮盡一生去思考生命的議題。

可是，哲學系的學生，想進入醫學系談何容易？如果放在台灣傳統的教育思維下，這不只是轉系這麼簡單，而是從文組轉到理組，對於即將畢業的學生來說，不但是資源的再投入，還要花費漫長的時間，可能師長會持保留態度勸退，當事者勢必也會思索再三，甚至裹足不前。

此時，Alyssa 卻不這麼想，PAS「不對自己設限」、「不試怎麼知道做不到」的教育理念一路滋養著她成長，早已深植入心，她雖然知道將面臨一場新的挑戰，還是決定奮力一搏，試試看。

申請進入醫學系的第一門檻，是必須先參加 MCAT（Medical College Admission Test，美國醫學院入學考試），取得優異成績後，才能申請各校醫學系。2019 年 6 月，Alyssa 大學畢業，邊工作邊準備 MCAT，考試項目又多又難，每次試做線上測驗的練習題，成績總是欠佳，這讓她很挫敗，只好不斷延後考試日期。

2020 年年初，受到 COVID-19 疫情襲捲美國的影響，

Alyssa 先回台灣，但她不曾放棄學醫的夢想，在新竹家中閉門苦讀，6月參加MCAT在台灣的考試，終於取得了不錯的成績。

有了滿意的成績之後，Alyssa 申請美國大學醫學系的過程卻不順利，向三四十所大學送出申請資料（包括在大學完成的指定科目規定學分、大學學業成績、MCAT 成績、參與課外活動經驗、推薦函等）後，還要進行線上面試，結果卻不斷被拒絕。

前進醫學系，夢想成真

「我真的進不了醫學系嗎？」整整大半年，Alyssa 常常陷入焦慮，但這一次，她已學會如何與負面情緒共處。「我會去散步、看小說，或和媽媽聊天，我知道要轉移注意力，讓焦慮煞車，不再蔓延。」淡定的語氣中，昔日那個失眠緊張的小女孩，已如雲煙。

2021年2月的一天早上，農曆春節假期剛結束，遠方還不時傳來爆竹聲，Alyssa 滑著手機，一封電郵躍入眼簾，那是伊利諾大學醫學院寄來的通知，通過了她的申請，歡

迎她就讀。

　　多年夢想終於實現，憂心焦慮的等待有了好結果，當下 Alyssa 有點像在做夢，她反覆自問：「是不是寄錯了？」父母和弟弟都去上班上學了，獨自在家的她沒有尖叫，沒有狂喜，也沒有在第一時間通知任何人，只是沉靜讀著伊大的通知，泛起一抹淺淺的笑。

　　「我就是想，一個人好好的享受這美好的一刻。」過了幾小時，直到下午，Alyssa 才傳 Line 告訴媽媽：「收到錄取通知……」媽媽開心的不得了，馬上通知關心 Alyssa 的親友師長，接著四面八方的恭喜不斷湧來，Alyssa 則始終淡定，安靜微笑說：「我覺得很不好意思。」

　　2021 年 9 月，Alyssa 成為醫學院新生，展開全新的一頁，她很有信心，也終於明白為何 Pamela 會建議她先選讀哲學，因為校長早已看見了她的無限可能，先在哲學系吸取養分，想清楚未來的目標與方向，然後蓄勢待發。

　　正如當年那個羞怯安靜的孩子，只要給她時間，耐心引導，一定會找到最好、最適合的領域發芽茁壯，開出似錦繁花。

邵冰如／採訪撰文

追求夢想，沒在怕跌倒的啦

「Mr. Manning教我的東西，對我後來的人生、想法，有非常深遠的影響。」

盧冠言
Brandon Lu

PAS Year of 2014／南加大企業管理系學士（University of Southern California, B.S. in Business Administration）／現任CF Media數位行銷處長（Director of Digital Marketing）

　　美國賽車零件界2019年夏天開始竄起一個專攻賽車零件的數位行銷新秀——CF Media。CF Media以服務賽車零件維修廠、零售商的Aftermarket（獨立維修服務）為主，提供客製化的數位行銷，包括Facebook、Instagram、Google平台的付費廣告，顛覆這個小眾市場一向以來傳統、保守的行銷方式。

　　「賽車零件維修在美國是非常老的產業，傳統的老闆們向來只習慣在電視、雜誌這類傳統媒體打廣告，數位行銷對他們來說就像是外太空一樣。我，正好來開發這個處女地。」CF Media創辦人，是今年25歲的Brandon Lu。

　　Brandon不是在美國出生的華裔第二代、第三代，而是2014年從PAS畢業後才到洛杉磯南加大（USC）念大學的台灣留學生。

不是正在創業，就是在通往創業的路上

　　面對這些賽車業的硬體零件，諸如輪框、卡鉗、鈑金彩繪、車燈等廠商的老派作風，年紀輕輕的Brandon很有一套。他記得當時找來一本厚厚的電話簿一頁一頁翻，拿紙筆一一記下賽車零件供應商電話，再一通、一通打電話自我介紹，「他們有些從沒聽過數位廣告，有些以前登過但完全沒效果，我就要想辦法讓他們信任我，給我一次機

會，」Brandon笑著說：「對這些還活在傳統行銷世代的客戶來說，我就是個二十一世紀的業務員。」

　　憑藉著對賽車產業的了解，加上對數位行銷的耕耘，總部設在洛杉磯市中心的CF Media如今已經有十二個長期客戶、十個員工。Brandon甚至靈機一動，把包括影片後製、視覺設計……等部分人力轉移到菲律賓，節省不少人力成本。

沒有東西可寫的履歷

　　不到而立之年就有自己的公司、跨國工作的員工，還有明確的目標和前景。這看起來像是人生勝利組、青年有成的創業傳奇，殊不知是Brandon從二十歲開始的創業血淚史。一路跌跌撞撞，到此時終於柳暗花明又一村。

　　校長Pamela是這麼形容Brandon的：「這孩子大一開始，每年都在創業，每次我見到他，他都說『我正在開始一個新的Business』，就算跌得頭破血流，他還是堅持創業。」

　　為了創業，當Brandon的南加大同學每年暑假忙著到創

投公司、投資銀行、金融業界實習時，他哪裡都沒去，而是「我不是正在創業，就是在前往創業的路途上。」

他邊搖頭邊笑著說：「想靈感、寫企劃書，還要找資金，看起來一事無成，但我的腦子忙翻了！」

儘管如此，大學畢業前夕，當所有同學拿出寫滿了漂亮實習經驗的履歷表準備進入職場，Pamela請Brandon拿履歷給她看看，Brandon卻說：「我沒有履歷，我的履歷沒東西寫。」

當然後來他還是寫了履歷。和其他同年紀的名校畢業生相比，Brandon的履歷真的很簡單：2018年南加大企管系畢業；2016年夏天成立UBQ國際貿易公司，職稱是創辦人兼CEO；2017夏天成立了Miryad網路公司，職稱也是創辦人兼CEO，一直到2019年夏天。

「我花了五年，做了七種生意，強吧！」Brandon如今已經能夠笑看這一段曾經讓他陷入谷底的經歷。

Brandon的爸爸是美國奇異（GE）公司在台灣人事編號No.3的元老級員工，被派到上海開拓大中華地區業務，最高職務是大中華地區總經理。也因此Brandon在小學畢業以前的求學經驗，都是在全校有3,000多個來自全世界各地學生的上海美國學校。

　　七年級時，爸爸帶著全家回台灣發展，第一件事情就是幫 Brandon 和姊姊找學校。

　　「我記得那時我們把全台北每一間美國學校都看過了，連台中、高雄的美國學校也一間一間去參觀，都沒有特別感覺，後來爸爸的朋友跟我們介紹 PAS，」Brandon 回憶起第一次和 Pamela 見面，爸爸媽媽立刻就被校長的辦學理念感動，很快的幫 Brandon 和姊姊辦了轉學。

小小的校園，大大的家

　　從有百年歷史、一個年級有八、九個班級的上海美國學校轉到一個年級只有一班的亞太美國學校，Brandon 的衝擊並不小。

　　他說，上海美國學校光是足球場，就有好幾十個，而當時（2009 年）的亞太美國學校還在光復中學大樓裡，籃球場、體育場都在六樓，「我常常心裡忍不住 murmur（咕噥），這裡也太小、太擠了吧！」

　　同學的組成也很不一樣。Brandon 解釋，上海美國學校學生來自世界各地，大部分是跟著爸爸、媽媽外派到中國

工作的小孩，通常待個一兩年，頂多三、四年就會再轉往下一站（國家），同學來來去去像過客，彼此間難有太深刻的友情，大家也習以為常；反觀這裡，同學們幾乎都會一起畢業。他一轉學，就覺得氛圍很不同，與其說是「學校」，還不如說是一個「大家庭」。

他也很快發現，雖然學校、班級規模都小得多，但校方對學生的照顧不但毫無縮水，反而因為師生比例完美，老師對每個學生的關注更多。

「大的學校（上海美國學校）每個老師負責好幾班，班級人數又多，雖然老師教學也很盡責，但能不能有好成績、要不要努力，是學生自己的事情，得自己負責，」Brandon笑著說，「說好聽一點老師很尊重每一個獨立個體，但其實也就是放牛吃草。」

這樣的教學環境，老師就是「老師」，上課來、下課鈴聲響了就走了，雖然在上海美國學校好幾年，Brandon並沒有對任何一位老師留下深刻印象。

所以很快的，他就被PAS深深吸引了。

「那時候的學校小小的，每個年級只有一班，一個班級也只有十幾個學生，每個人在做什麼，都逃不過老師的法眼，」他說，雖然壓力頗大，但久了就發現老師原來不只

是老師，也可以是Mentor（良師益友），甚至畢業後遇到了挑戰、困難，或是做了一件很棒的事情想要找人分享，包括Brandon自己，還有他的同學們，常常想到的就是PAS的老師。

與生俱來的商業頭腦

就讀PAS的六年期間，Brandon始終是學校的風雲人物，不管是課外活動、社團都很活躍。九年級開始，他投入許多心力在學生會，最後一年還當到學生會長。

Brandon說，學生會整合、代表全校學生的想法，是學生和學校溝通最強而有力的組織，剛好他又很喜歡明察暗訪、聽聽同學們需要什麼，也喜歡幫大家爭取權益，成為學生和學校的橋梁。

面對「有時挺嚴肅」的Pamela，Brandon坦言當會長並不容易，尤其是一些「在大人眼中很跳Tone」的事情，舉凡跟學校爭取經費、舉辦盛大的畢業舞會、說服學校在校園內裝設自動販賣機……，為了得到Pamela同意，常常得拿出三寸不爛之舌，「難度跟參加模擬聯合國會議的

辯論不相上下。」

　　Brandon 在學生會不但做得很順利，也看到許多成果，讓他對自己的領導統御能力愈來愈有信心。這是他第一次發現自己有能力改變許多事情，以及挑戰不可能的任務。因為喜歡，所以投入，並且不輕言放棄，這也給了他日後勇往直前追求夢想的勇氣和力量。

　　「Brandon 腦子永遠在動，充滿各種想法和靈感，遇到問題就想辦法解決。尤其是怎麼做生意，他點子可多了，」Pamela 記得 Brandon 當學生會長時，為了替畢業舞會爭取更多經費，想到一個情人節「你付錢我傳遞心意」的活動。

　　那次的活動是這樣進行的──學生可以跟學生會付費點歌、買玫瑰花或巧克力，由學生會組成的合唱團在指定時間內，到想獻唱對象的班上高歌一曲，或是由送花小幫手送上鮮花一朵、巧克力幾顆。

　　「活動開始前一天，我和副會長天還沒亮就跑到新竹花市買花，沒料到情人節玫瑰花價最貴，我們的預算只買了三、四捆，」Brandon 笑著說，他原來以為應該綽綽有餘，結果以一週為目標的情人節活動，第一天玫瑰花就賣完了，第二天巧克力也沒有了。

　　接下來怎麼辦？他靈機一動，號召幾個手作很厲害的同學加入行列，趕工做出紙玫瑰花，沒想到更受歡迎。事隔多年，想起當時「一花難求」的盛況，Brandon還是笑得非常開心。

　　這次情人節創舉在校園裡造成大轟動，不只學生喜歡，連老師都樂在其中，學生會籌募到的經費大大超出預期，除了為Brandon在學校留下輝煌一頁記錄之外，也因此埋下了他未來投入創業的種子。

立定目標，使命必達

　　「學生會的經驗，對到美國念大學後決心創業的我，有很大的影響和啟發，」Brandon創業沒有跟家人拿錢，也沒有找投資人，全部靠自己拿出生活費當創業成本，所以他規定自己Day 1就要有營業額，「這不就是我在學生會每天忙的嗎？想辦規模大一點、預算多一些的活動，都得自己想辦法。是要多賣一點東西？先辦幾個活動來賺錢？或是想辦法募款？總之，就是去『想盡辦法』啦！」

　　Pamela眼中的Brandon是個目標明確的孩子，只要立定

目標就使命必達，在學生會是這樣，申請大學時也是如此。

　　2014年夏天，Brandon申請到美國西岸最知名的商學院之一——南加大（USC）馬歇爾商學院（Marshall School of Business），主修企業管理。

　　為什麼學商？Brandon說：「商學系涵蓋了所有我想學的範圍，也是每一個領域的基礎，無論以後想做建築師、藝術家，甚至是科學家、學校老師，都需要有商學

Brandon在PAS時，就展現生意頭腦，為學生會籌募畢業舞會經費。

基礎。」

但高中四年因為忙著學生會、課外活動，他的成績並不出色，拿不出漂亮的GPA，「到USC念書後，我發現每一個同學的高中成績都比我好很多、很多。如果沒有Pamela，我絕對進不了USC。」他哈哈大笑。

Pamela是怎麼助他一臂之力的呢？Brandon說：「她鼓勵我累積課外活動履歷，絕對是關鍵。」

他回想，Pamela知道他的個性和興趣，也知道他對商業學科的濃厚興趣，所以當其他的十一年級學生忙著K書準備SAT考試，而他卻還整天沉浸在學生會時，她不但不覺得Brandon浪費時間，還要他「要做就要做到最好、辦出像樣的活動」。

「Pamela幫我量身規劃最適合我的履歷和發展，一步一步替我計劃每一年級要完成的目標和挑戰。」而這樣的超前部署，讓Brandon順利進入在2018年《U.S. News》商學院排名第11的南加大馬歇爾商學院。

馬歇爾學院因為校友網絡綿密，又位在美西金融重鎮洛杉磯，學生們大多從大一開始爭取在當地企業或金融界實習的機會來累積人脈，很多學生還沒畢業就得到令人羨慕的工作機會。

跳脫框架，走自己的路

「我一開始也跟大家一樣，一心想往銀行業發展，」
Brandon在大一上學期找的課外活動、社團清一色都和
銀行、金融相關，包括一個「特洛伊人投資社」（Trojan
Investing Society）。沒想到第一學期還沒結束，他就意識
到自己完全不喜歡銀行金融領域，不想走「典型的商學院
主流路線」。

怎麼辦呢？他當時到處去聽其他學院的課，建築系、物
理系、生物系，甚至跑到影藝學院旁聽，「我用刪去法，
到最後全都刪光了，還是不知道自己到底喜歡什麼。」

大學二年級，Brandon加入南加大學生組成的「創業家
兄弟會」（Entrepreneur Fraternity）。這個兄弟會成員來
自不同科系，每個人都懷有創業夢想，每天沒課就湊在一
起討論如何創業，終於讓他發現自己的熱情所在。

「大家的點子都超妙的！」Brandon記得當時有個兄弟
會成員，想到蟋蟀的蛋白質很高，靈機一動把蟋蟀做成蛋
白質粉，再加巧克力、草莓、香草……口味，「營養價值
高但價錢可以壓很低，不正好是現在健身房趨之若鶩的高
蛋白粉嗎？聽起來真的很有機會！」

　　因為和保健品相關的法規限制很多，這個「創業夢」終究沒有繼續發展，不過兄弟會中各種天馬行空、無厘頭又瘋狂的想法，讓Brandon跳脫一路都被安排好的商學院框架，也開始自己的創業路。

　　跳脫框架，正是PAS的重要教育理念。

　　校長Pamela認為，教育是給孩子工具，提供一種學習的途徑，「我們跳脫傳統學習框架，培養學生思辨（Critical Thinking）與解決問題的能力，讓孩子有足夠的信心與經驗，去應付及挑戰未來快速變遷的環境。」

跌跌撞撞的創業歷程

　　2016年夏天，Brandon看到當時剛開始流行的矽膠免綁懶人鞋帶，突發奇想：「這個美國還沒有，應該很有商機！」

　　他找了一個同樣從PAS畢業的好朋友，一起成立UBQ國際貿易公司、架設網站，從中國找到供應商進貨到美國，「我們兩個剛滿二十歲的小屁孩心想，這麼酷的產品刊登在Amazon和我們的官網，就可以坐等買家下單了。

多簡單！」

　一條二十美元的鞋帶才賣了不到五百條，問題就來了——美國海關抽查鞋帶發現橡膠成分，需要有特別申報文件才能進口；沒有文件只能扣在海關，Brandon還得每天支付港口使用費。

「我從來沒想過，鞋帶這麼簡單、這麼小的貨物，進口竟然也會遇到難題，」他趕緊聯絡中國供應商提供相關文件，沒想到廠商告訴他：「我們就是沒有這個文件，才沒有出口到美國啊！」他聽了晴天霹靂，但也無可奈何。

　Brandon後來把賣鞋帶賺的錢全部付給海關，貨物依然因為沒有文件而全部被銷毀，賠了夫人又折兵。

「從此以後只要進口任何東西，我第一件事情就是把需要什麼文件、有什麼法規限制，全部問得清清楚楚。」事非經過不知難，這是Brandon做生意學會的第一堂課。

　雖然沒錢了，但有了電商經驗，又知道怎麼把網站做得漂漂亮亮引人注意，Brandon腦子一動，想到可以利用Drop Shipping（直運）的商業模式重起爐灶。

「直運」模式中，電商不用批貨、庫存，而是在收到客戶訂單時，將訂單直接發送給製造商或批發商，再由製造商或批發商直接寄送商品給客戶。這樣Brandon不只不用

成本進貨，也不用擔心庫存滯銷，「我們那時覺得這簡直就是無本生意，真是太完美了！」

賣什麼呢？兩個大男生突發奇想，搭上「快時尚」列車賣女性流行服飾。

抱著一定要成功的決心，Brandon 把爸媽給他的生活費孤注一擲拿去做 Facebook 和 Google 付費廣告，沒想到因為上架的女裝款式全憑兩個男生的審美觀選擇，男生喜歡的和女生愛買的畢竟不一樣，三個月後一件衣服都沒賣出去，再度失敗收場。

接下來，他決定往 B2B 平台發展，成立 Miryad 網路公司，專門媒合美國硬體製造新創 Startup 和台灣製造業。他找來曾經在迪士尼、全美最大國防工業承包商 Lockheed Martin、摩根大通擔任首席技術長的資深前輩一起奮鬥，一年後發現市場太小，改變方向做媒介網紅和商品的平台，同樣因為市場太小，還是無疾而終。

升大四的那年，他又找來一位首席行銷長（CMO）加入團隊，加上他一共四個人，每天坐在咖啡廳「工作」，想要找出一個「商品」，卻沒有任何成績。

當時掛著 CEO 的頭銜的 Brandon 還在學校念書，想到跟著他一起坐困愁城的團隊沒有收入，壓力愈來愈大，

「我感覺每天一睡醒就在面對失敗，而且不知道解法在哪裡。對自己完全失去信心，只想逃避現實，寧可卡在洛杉磯上班的車陣中，也不想去咖啡廳面對大家。」大學畢業前兩個月，他解散團隊、結束公司。

畢業後，Brandon 從自由工作者（Freelance）重新出發，中英文翻譯、房地產、咖啡廳、美甲店廣告行銷各種工作來者不拒，也從中發展出對數位行銷、付費廣告代理的心得和興趣。

不顧一切的勇氣

2019年夏天，Brandon開始了CF Media數位行銷公司，鎖定他從小喜歡的賽車業，從賣矽膠免綁懶人鞋帶開始一路嘗遍創業失敗苦果的Brandon，終於慢慢站穩腳步。

只因為有一個夢想，就不顧一切朝夢想奔去。跌倒了再來；再跌倒，拍拍褲子上的泥沙，再站起來繼續奔跑。問Brandon這不顧一切的勇氣哪裡來？他笑笑說：PAS。

他說，十一年級時在PAS修了一門美國政治學的課，老師是Mr. Manning，徹底改變他的思考邏輯和方式。

「從小到大，每個老師都是教我知識，但從來沒有人教我『如何思考』。」直到遇到 Mr. Manning，Brandon 才學到批判性思考的思考模式。

Pamela 解釋，「批判性思考」最早出現在柏拉圖所記載的蘇格拉底的教導。蘇格拉底說：「人們不能依靠那些權威的人擁有健全的知識和洞察力。」

「所以我們在接受值得相信的想法之前，應該要先深入探究這個想法並提出問題，這就是批判性思考的養成過程，也是 PAS 的教育理念中，非常重要的一部分，」Pamela 說，學校教孩子用客觀和科學的角度看待或驗證已經發生的事情或觀點，不要人云亦云。

從不斷與自我對話中成長

Mr.Manning 的課堂上，不要學生分享「知識」或「事實」。「他總會說，這些事情我上網十秒鐘就查得到，不需要拿出來討論。」Brandon 記得老師會一再追問學生：你的觀點是什麼？你怎麼分析？你觀察到了什麼？同意或不同意？為什麼？

「Mr. Manning教我的東西，對我後來的人生、想法，有非常深遠的影響，」Brandon說，因為養成了思辨的能力，有了更嚴謹的思考，他學會了思考和反思，每次創業失敗，他都會反問自己，再從每次和自己的對話中，釐清自己真正的想法和問題，把每一次的失敗看成下一次的經驗和能量，就有勇氣前進。

走過五年創業風浪，如今的Brandon在Pamela眼中，已經多了幾分超齡的謹慎和處之泰然。

「我仍然不斷和自己對話，問自己現在的目標是什麼？看清楚眼前可能會出現的問題和挑戰。面對各種起起落落、好或不好時，我繼續一路向前，勇敢面對、用力解決。I will just figure it out!」Brandon露出大無畏的表情，眼睛炯炯有神的說。

朱乙真／採訪撰文

安心探索潛能，勇敢挑戰未知

「每次我猶豫不決，Pamela 總是會告訴我：try it！什麼都去試，沒有試你怎麼知道自己喜不喜歡？」

喻愛凌
Irene Yu

PAS Year of 2013／卡內基梅隆大學（Carnegie Mellon University, CMU）電腦科學院人機互動研究所碩士（Master of Human-Computer Interaction, MHCI）、加州大學柏克萊分校（University of California, Berkeley），雙主修經濟及心理學學士（BA in Economics and Psychology）／現於新加坡行動拍賣平台 Carousell 擔任產品設計師（Product Designer）

2020年是COVID-19影響美國大學校園最嚴重的一年，年初開始遠距教學，當時正在美國寫碩士畢業論文的Irene，四月回台灣避疫，期待已久的畢業典禮改成線上舉行，她成了位於賓州的卡內基梅隆大學（Carnegie Mellon University, CMU）創校120多年來第一屆「線上畢業」的學生之一。

會不會很可惜？

「不會呀！」笑起來眼睛彎彎的，瞇成月牙般甜美笑容，開朗的Irene毫不猶豫的回答。

Irene在CMU的碩士班學程是人機互動（Human-Computer Interaction），系上的超人氣教授藍迪鮑許（Randy Pausch，1960 － 2008）曾在著名的《最後一堂課》演講中分享：「我們改變不了事實，只能決定自己如何因應；我們改變不了上天發給我們的牌，只能決定怎麼打好這手牌。」這句話也深深影響了Irene。

「疫情開始沒多久學校封校，國際學生返回自己的國家遠距教學，那時我想也沒想過，最後就這樣畢業了……說不懊惱是不可能的，但我總想到鮑許教授這一段話，就覺得所有事情都沒有什麼大不了，」她說。

「樂觀、開朗，是老天爺送給Irene最好的禮物，」校長Pamela以「無可救藥的樂觀主義者」形容Irene，「從小學五年級我認識這孩子開始，我從來沒有看過她有沮喪、生氣的一天。」

　　Irene小學四年級時因為爸爸的工作全家搬到新竹，因為爸爸曾經在美國留學，希望孩子也能體驗和台灣完全不同的求學經驗，便把她轉學到由Pamela創立的新竹美國學校（HAS），兩年後再跟著Pamela轉到PAS，是PAS的創校校友。

知道自己為何而學，超快樂

　　在那之前，Irene都在一般台灣體制小學讀書。她還記得從一班三、四十個學生的公立小學轉到新竹美國學校的第一天，進到教室發現全班只有五個人，這是第一個震撼彈。「第二個震撼彈是老師上課全都是英文，教科書也都是英文，連數學都用英文上，」她笑著回想當時每本書都是無字天書，「那時只有一個感覺──我慘了！」

　　還好美國學校上課方式和從前整天坐在教室朗誦課本、寫習作完全不同，雖然上課很花腦筋，她卻覺得超快樂。

　　考試次數少了、要死記硬背的東西也少了，學期成績不是只靠一兩次的分數決定是50分或80分，甚至有些課還可以自己選擇期末成績要做專題報告或是寫小論文。

　　「原來不是只有用『考試成績』一個方法可以讓老師知道我學會了。因為這樣，我的學習心態完全不同，也愈來愈知道自己為何而學，」中學時，Irene面對全英文的課業已經游刃有餘。

　　這所學校是怎麼上課的呢？

　　她記得生物課是在實驗室裡，兩兩一組，有時種特別的植物，有時做奇怪的實驗，有時解剖觀察生物，老師再生動活潑的講解原本生澀的理論、知識，讓以往聽到「自然科學」就退避三舍的Irene，每週課表最期待的就是生物課，甚至一度想要在大學主修生物。

　　這裡的歷史課更是被Irene以「超酷的」來形容。

　　「我記得以前在公立小學上歷史課，老師常常就是把課本內容一字不變的唸一遍，我一下子就很想打瞌睡。考試的時候更難了，年代、數字、日期、人名、發生什麼事情，全部都要考，」Irene記得她曾經煩惱的問老師：「我記不住，怎麼辦？」愛莫能助的老師只回答她：「就想辦法硬背起來。」

　　這裡則是以PBL（Project Based Learning，即「專案導向學習」）跨領域的方式上歷史，完全顛覆她對歷史課的既定印象。

「所謂PBL的上課方式，是由孩子當學習的主角，把學習主導權回歸給孩子，」Pamela認為，給孩子學習動機，透過跨領域的組隊共同學習、研究，孩子就能找到解決問題的方法，而不只會「回答考卷上的問題」。

以「小專題」進行的歷史課，會花好幾堂課研究一個年代的人事時地物，或是和其他時代的關聯，而老師就像是小叮噹，總能從口袋裡拿出各式各樣有趣的研究方法。

比方討論到印度的多神文明，老師會先介紹「萬物皆神祇」的歷史由來，然後請大家分組，每一組選一個神祇做成海報上台報告。要從印度3億3,300萬個神祇裡找出一個最有趣的來報告，Irene和同學不知不覺就從研究過程中，對印度多神文化和人文歷史瞭若指掌。

講到人類最古老的文化搖籃之一的美索不達米亞文明，老師則請每個小組以美索不達米亞時期為背景，自由選擇寫一齣戲上台演出，或是編一首歌演唱，上台時得裝扮成該時代的人物，背景、模型也在評分項目內。

班上同學到圖書館翻了超多書，上網做了超多研究，有一組同學把那時候發生的重要事件全編到歌詞裡，再交由會作曲的組員編曲；喜歡做美勞的Irene則完成一個蘇美人的塔廟建築模型。她大笑說：「那時我邊做模型還邊

想，我到底是在上歷史課還是美勞課？」

專題成果發表時老師對 Irene 完成的模型大為激賞，而那首〈美索不達米亞之歌〉因為朗朗上口，竟成為全校人人都會唱的「年度夯曲」，讓同學們很有成就感。

也因為這樣又深、又廣的研究討論，同學們對美索不達米亞文化都可以如數家珍。Irene 笑著說：「那一陣子，我幾乎以為我有一部分的靈魂是從遠古文明延續過來的。」

學科之外，Irene 認為這所學校對她影響最大的，是讓她能安心探索自己的興趣和潛能，「學校給我們很大的彈性去嘗試不同領域的技能。」

試試看，才知道喜不喜歡

「每次我猶豫不決，Pamela 總是酷酷的說：Try it！什麼都去試，沒有試你怎麼知道自己喜不喜歡？」Irene 說，高中時她突然對新聞寫作很有興趣，想了好久，鼓起勇氣跑到校長室說想創一個校園報社，沒想到 Pamela 想都沒想，一秒就說「好！」

吃了定心丸，Irene 很快找了幾個志同道合的同學，每

個人分配不同路線跑新聞、寫稿，開始「辦報」。

　　「我是一個沒辦法一直專注在課業上的孩子，和課業不相關的事情，我都很有興趣，」Irene記得當時她非常投入校園報社，怎麼設計版面、什麼題目會吸引同學去讀、有什麼呼應時事的議題、要採訪什麼人……然後還要寫稿、編輯、下標題、套進報紙版型，最後印刷成真正的紙本報紙，發給全校師生。回想當時人手一份校園報，Irene對那種「我辦到了！」的成就感，印象仍然非常鮮明。

PAS鼓勵學生探索潛能，不要怕失敗的方針，幫助許多學生，包含創校校友Irene在內，釐清自己想要追求的是什麼。

　　每年暑假出國參加夏令營，則是 Irene 最期待的時候。她記得那時 Pamela 總會親自帶著學生到美國、英國參加夏令營，週一到週五白天自己上課、下課，晚上和歐美學生一起住宿舍。

　　每個離開爸爸媽媽的暑假，都讓 Irene 更獨立；而和來自全球各地同年齡孩子在一起過暑假，更讓她在十幾歲時就能站在更高的角度看世界。

　　中學開始，Irene 學習自己找夏令營。她會利用夏令營的機會，瘋狂選修各式各樣「奇怪」的課，用行動實踐 Pamela 常常告訴鼓勵她的「一口哲學」──試試看，才知道喜不喜歡；喜歡一樣東西以前，務必要先去嘗試。

大人在教育中應負起的責任

　　Pamela 說：「在這裡，學生都有機會在各自有興趣的領域表現，興趣都可以被尊重，更能被學校鼓勵，進而去開發他們個人的潛能。」而她始終相信，如果能按照每個孩子的興趣和能力去培養和發展，每一個學生都有機會快樂的站在自己的舞台上發光發亮，「這是未來教育應該發展

的方向，也是我們身為『大人』所應該負起的責任。」

有一個暑假Irene迷上攝影，全部都選攝影相關課程；另一個在英國劍橋的夏令營，她則上了許多心理學和全球化商務課程。這些在每一個夏天將腳步跨出台灣的摸索，都讓青春期的Irene學會釐清自己喜歡什麼、想成為怎麼樣的人，甚至給她更多追求夢想的勇氣。

2013年，Irene成功申請到加州大學柏克萊分校（UC Berkeley），雙主修心理系和經濟系。

「品學兼優的Irene，順利進了美國公立大學第一名的柏克萊，選心理系是因為自己喜歡，選經濟系則是為了滿足賓大（U Penn）華頓商學院MBA畢業的爸爸對女兒繼承衣缽的期待。」學生畢業後還是會持續關心他們的Pamela回憶，當時Irene這看似平衡的選擇，卻讓她在大學愈念，愈不知道該往哪邊走。

Pamela記得Irene大三那年放寒假回台灣，她問Irene畢業後的計畫，「沒想到這個總是很清楚方向的孩子，竟回答我『I don't know』，我真是太震驚了，但我還是老話一句鼓勵她：『勇敢去嘗試，去挑戰未知』。」

沒多久，Irene從義大利捎來訊息，告訴Pamela她正在米蘭進行「尋找自我之旅」，一邊當交換學生，一邊旅

行。交換學生告一段落，Irene便勇敢告訴爸爸「不喜歡經濟、金融，專業心理領域也不是未來職涯規劃」的想法，「我覺得我很幸運，無論我想學什麼、對未來的規劃是什麼，爸爸、媽媽都100%的支持我。」

從心理、經濟到人機互動

有了爸媽的堅強後盾的Irene，回到柏克萊繼續「嘗試」，找尋自己的方向。

大學最後一個學期，系上開了一門結合心理學和設計的課，修課學生來自不同領域科系，從使用者的角度和需求分析個案產品問題，並提出解決方案。這堂得大量和使用者聊天、訪問的UX（User Experience，用戶體驗）課，意外成為對前途感到茫然的Irene的一道曙光。

「我以前根本不知道UX這個名詞，更沒想過這可以是一個職涯，是一個專門的工作，」受到啟發的Irene，大學畢業後的第一份工作，就是在Google擔任UX研究協調員（Research Coordinator）。這一年的經驗，讓她對職涯方向愈來愈清楚。

　　大學主修心理、經濟的Irene，再一次以跳脫框架的「嘗試」，完成了一個看似「不可能」的任務。

　　她在2019年春天，成功申請到《U.S. News》電腦科學領域排名全美第一的卡內基梅隆大學（CMU）人機互動碩士班。CMU是全球最早開設人機互動研究所學程的大學，學術聲望也最高，主要致力於以人機互動用戶體驗設計和以用戶為中心的研究。

每一步路，都沒有白費

　　Irene如魚得水，愈念愈有興趣，畢業後很快在新加坡新創公司Carousell（旋轉拍賣）找到工作。

　　Carousell標榜要讓網路買賣和手機拍照聊天一樣簡單，目前已經是全球成長最快的行動拍賣平台新創公司。Irene從台灣遠距上班，擔任產品設計師，主要負責使用者經驗（UX）的優化，根據使用者習慣觀察使用者的行為、檢查使用障礙，進而安排網頁內容規劃，並創造出最棒的使用者經驗。

　　「嘗試，是教育裡最重要的事情。我總是告訴家長：

『請鼓勵孩子嘗試。』」Pamela 不諱言 Irene 能有這麼大的空間和彈性慢慢找到自己的位置，和爸媽給她的支持最有關係，加上學校鼓勵孩子發掘自己的長處、興趣，學校和家庭教育合作，就能給孩子動力，勇敢向未知大步邁進，「看著 Irene 一路尋找自己的成長過程，實在很感動。」

　　Irene 回想小學以來的每一步路，「其實都沒有白費，都是有意義的，因為這一步一步的足跡，我才能變成現在的我。比方，因為校園報，才發現自己喜歡和人聊天、喜歡採訪，然後大學修了心理系。而我現在的工作，不就是採訪和心理學理論，甚至是以前喜歡美勞、手作，都一起派上用場了？」

　　「一開始，我沒有這麼了解我自己。還好我有機會就去嘗試，慢慢釐清自己不喜歡什麼、喜歡什麼，做什麼樣的事情會特別開心、有成就感、願意付出和投入，就會找到自己的方向。也許兩年後的今天，我又再度踏上尋找人生下一個目標和階段和過程呢！」Irene 的眼睛又笑得瞇成月牙彎。

朱乙真／採訪撰文

做自己喜歡的事，無所畏懼

「學校的教育，鼓勵我去試想做的事，一個學資訊的孩子，還是可以用鞋子追夢。」

陳思翰
Tommy Chen

PAS Year of 2009／普渡大學（Purdue University）肄業／2014年創辦球鞋設計工作室The Remade（2020年在台登記「德瑞美有限公司」）

　　台北市中心一條安靜的巷子裡，有一間設計工作室「The Remade」，花木扶疏的窗前，負責人Tommy正忙著用微信和遠在廣州的員工討論訂單，不時還會提醒另一位在電腦前繪圖的同事：「這裡再修一下……」專業的口氣中，有著設計師的篤定自信。

　　「The Remade」成立七年，在亞洲和美國的潮流設計界，是知名的專業球鞋客製化團隊，在Instagram有八萬多世界各地的粉絲，推出的設計鞋款橫跨B2B和B2C領域，多次登上美國和中國媒體，並與眾多國際品牌合作推出限量設計鞋。

話太多的小孩，罰站也無所謂

　　但風光的成績背後，是一段漫長艱辛的歷程，剛滿三十歲的創辦人Tommy，中學時是一個讓父母師長都感到頭痛的問題學生，傳統的教育體制容不下他的「不一樣」，即使後來上了大學、離開學校後創業，都曾走過跌跌撞撞的倉皇失措。

　　「還好有學校包容我，接納我，」說起當年，Tommy眼中閃過一點羞赧。他從小在新竹科學園區長大，小學到國中三年都就讀傳統的台灣公立中小學，但整整九年來，他在課堂上總是過動不專心，而且非常愛講話，很難受約

束，是老師很討厭的那種麻煩製造者。

　　每次老師在台上講課，Tommy在台下也沒閒著，左顧右盼忙著找同學說話，說昨天晚上線上遊戲的戰果，說隔壁班的女生很漂亮，說歷史課很無聊……，就算沒人跟他說話，他也會目不轉睛數著窗外有幾隻麻雀飛過。

　　Tommy無奈的說：「其實我沒做壞事，只是愛講話愛玩，老師就不喜歡我。」他常常被罰站或指定坐第一排，以便老師就近監管，但Tommy依然忍不住回頭找同學聊天，後來老師氣到讓他坐在講台旁「小老師」席，上課時要面對全班。

　　但這也沒有太大作用，Tommy很皮，從不因為老師的「特殊對待」而感到丟臉或難堪，更不覺得自己有什麼問題，不管老師怎麼罵怎麼罰，他一逮到機會照樣講話講不停。

　　這樣的上課表現，成績自然也不會太理想，大多落在中後段，但Tommy並不在乎，只肯讀英文、數學這些喜歡的科目。他討厭學校不停的考試及寫評量卷，每次媽媽把評量試卷本最後幾頁答案先撕掉藏起來，Tommy都找得到，然後偷偷把答案抄妥後，再放回原位，讓媽媽批改評量卷時，總會有個七八十分。

　　Tommy坦承，這招偷答案的把戲，直到多年後才向媽媽坦承，「其實，我也說不上是有什麼小聰明，就是對很多事好奇，只想做我喜歡的事，而且會做得很好，至於不喜歡的事，就只想敷衍一下。」

　　他的不在乎，換來媽媽的著急和頭痛，她常常被老師叫到學校，為兒子惹的麻煩不停道歉，但她深深明白兒子既不壞也不笨，只是台灣的教育可能不適合他，媽媽四處打聽，希望找到一處適合Tommy的環境。

「上課竟然可以講話！」

　　媽媽最後選中PAS，希望給兒子一個相對自由的學習環境。因此，從九年級開始，Tommy正式成為新生，當時學校剛創立不久，一班只有十個學生，他記得第一天進教室，最驚喜的是「上課竟然可以讓我講話！」於是立刻愛上這裡的教學方式，自由與開放的風氣讓他很興奮，老師鼓勵學生提出看法，對Tommy來說簡直如魚得水。

　　Tommy回想，PAS的老師給學生很多互動和自由發揮的時間與空間，「不是老師在台上一直講，台下的我們埋

頭抄筆記，而是丟問題給學生討論，尤其我最喜歡課堂討論，因為我太愛和人互動。」

老師常交付給學生們各種 Project（專案），學生要自己去研究找答案。即使是 Tommy 原本不喜歡的歷史和文學課，因為要和同學一起分組討論和上台報告，也成了眼中好玩的課。關鍵在於他不再只是「被填鴨」，而可以提出自己的意見和想法，被傾聽、被重視。

Tommy 不諱言，其實入學初期，他的英文確實有一點吃力，「但反正我從小就厚臉皮，英文不好也照樣講不停，不太有什麼適應上的問題。」而且學校有如一個大家庭，同學知道他英文程度不好，也會幫他，講多了，英文就自然進步了，很快的就可以充分表達。

不過 Tommy 調皮的個性依然沒變，常有女生告狀，嫌他太吵，說他會捉弄人，Pamela 三不五時也會把 Tommy 叫進校長室念上一頓，他總是抓抓頭傻笑回她：「Ok！Ok！」

但其實 Pemela 很清楚這個孩子本性極單純善良，絕對不會做壞事，而且非常聰明，不需要給他太多的限制。

全新的教育環境，讓十來歲的 Tommy 大大鬆了一口氣，參加校內的模擬聯合國（MUN），更讓他進入一個全

新的世界。他很喜歡在 MUN 的一切活動，不光是可以暢所欲言，也必須先對每個主題做足功課，有充分準備再發表，這讓他看見自己的責任和義務，學會了負責與承擔。

參與 MUN，學會責任與承擔

十年級時，他甚至成為學校的代表，去荷蘭參加國際 MUN，本來抱著「去歐洲玩」的心情，但實際參與後，發現自己必須更努力的學習國際議題，才能真正在活動中發揮實力。

譬如，那一年的主題是地球暖化，他們被指定代表捷克，隊員們先全力了解捷克的地理背景及政府組織，接著就得模擬如何解決捷克的暖化問題。

當時，Tommy 和同學大量查找國際媒體蒐集資訊，深度的吸收，不停的討論，這激發他強烈的使命感，覺得「我對這個國家和暖化議題是有責任的。」他也代表捷克去參加多場會議，與來自印度、德國、巴西、韓國等國家的高中生，一起交流分享理念，「我知道自己來自台灣、代表學校，一定不能漏氣。」

　　第一次和外國人進行如此密切的互動，Tommy完全不會緊張害羞，反而超興奮，因為他對人際之間的連結很著迷，「我的優點就是不怕生，即使英文再爛，我也不怕。」

摸索三年，找不到專長和興趣

　　十年級的Tommy，在活動上找到成就感。在學業上，則面臨徬徨與不安。因為校方從十年級開始，除了必修科目之外，也開放讓學生選課，大家可以根據興趣選擇喜歡的課程，學校還會針對學生不同潛能安排課程，強化每個人的專長。

　　但Tommy心裡一直有個難題，不知道自己真正的專長和興趣是什麼？雖然校長經常和每個學生討論各自的專長、適合申請的大學校系，但Tommy始終想不出自己除了愛講話，到底喜歡什麼科系？

　　捫心自問，他不愛讀書，平常也沒有特別的專長或興趣，很迷NBA，也愛上網搜尋新的流行事物，例如新型手機、車子和球鞋。在校三年，似乎也沒發掘出特別的潛能和天分，到十二年級申請大學時，因為數學成績一

向不錯，加上父母的期待，Tommy最終選擇了電腦科學
（Computer Science）。

　　沒想到，一進入大學之後，Tommy卻過得渾渾噩噩，
他發現自己不喜歡電腦科學，對學業沒有太大興趣，最喜
歡做的還是打籃球、研究球鞋。

　　其實，從國中開始，Tommy就是球鞋控，會追逐NBA
球員代言的球鞋，但媽媽規定他一雙鞋穿壞了才能再買下
一雙。如今赴美，媽媽管不到他，他更熱衷各大品牌推出

渾渾噩噩進了電腦科系就讀的Tommy，在從小熱愛的球鞋中找到屬於自己
的未來。

的限量版球鞋，沉迷在那些充滿創意又時髦的設計當中。

　　大二開始，Tommy加入了搶購限量球鞋的隊伍。他會在睡前設定鬧鐘，隔天大清早就火速上網購買，或是到鞋店門外排隊買鞋。搶鞋不是自己要穿，腦筋動得快的他，用美金160元搶到的限量鞋，轉手以250元賣掉，就這樣買進賣出，每個月竟可賺上三四千美元。

　　大學時期，Tommy幾乎都在買賣限量球鞋，一度想休學，但不敢讓家裡知道，總是唬弄父母有好好上課，成績還不錯。

　　限量鞋轉手的生意愈做愈好，Tommy全心全意的投入，他發現自己是真心喜歡做這件事，並非只為了獲利，而是有種不可自拔的高度熱情。2014年他決心創業，成立The Remade，全心擁抱自己的興趣。

從零開始，設計限量訂製鞋

　　Tommy先大量蒐集資料，深入分析限量鞋市場，他發現消費者搶購限量鞋的主因，來自於渴望與眾不同，若想攻占更大的市場，與其追逐別人推出的限量球鞋，不如自

己製作，配合客戶需求，設計獨一無二的手工訂製球鞋。

　　問題是，設計不是一件簡單的事，從小到大，Tommy
從來不曾對藝術感興趣，也沒有受過任何繪畫或設計相關
訓練；但他並不退縮，抱持著「以前不會，不代表以後
也不會」的信心，既然喜歡，下定決心要做，就算從零開
始，也要一步一步學。

　　Tommy開始摸索球鞋設計，彷彿回到在PAS的歲月，
學校引進「專案導向學習」，老師丟給學生一個Project
（專案），要他們自行找出Solution（解方），潛移默化中
練就出解決問題的能力，如今運用在球鞋設計上，也是經
過一次次的研究和探索，找出最好的設計方案。

　　學校對他更大的影響是勇於嘗試。Tommy說：「以前沒
人做過限量訂製鞋，我就不能做嗎？我就是要去嘗試，才
會知道行不行。」

　　而且他從小就是個樂天派的孩子，再大的挫折即使像考
不及格，照樣睡好吃飽，一覺醒來完全沒事，不會深陷難
過情緒而無法自拔，因此，他根本不會去想「創業失敗」
這件事。

　　2014年，Tommy試著先做球鞋改裝，觀摩別人的設
計，埋頭學配色、裁剪、面料，也透過網路找到大陸工

廠，再打了幾個版樣，傳過去請對方試做和生產。

自產自銷，「我相信我的作品很酷」

　　Tommy帶著鞋子到美國私人鞋店推銷，對方總是眼睛一亮說很酷，真正會買的商家卻很少。但這些拒絕不曾嚇倒他，Tommy很樂觀，認為自己至少得到專業人士的回饋與意見，而且也讓他確信自己的作品很酷。

　　Tommy還專程從洛杉磯遠征紐約參加設計展，帶著幾雙改裝過的喬丹鞋，在展場角落展示創意。雖然只是個默默無名的設計工作者，但他仍然想抓住每一個可能的機會，奮力推銷自己，「害羞」、「膽怯」從沒出現在他的字典裡。

　　唯一讓Tommy顧慮的，是家裡的意見。離開大學校園後，Tommy一直向父母宣稱自己在電腦公司當上班族，更不敢讓家裡知道他已走向創業這條路，因為他深知父母一定會反對到底，甚至認為他不務正業。

　　那時，遠在台灣的Pamela是極少數知情的「長輩」，她一路看著Tommy長大，在她眼中，他是個心理素質強

大的孩子，性格中的「厚臉皮」，在一般老師看來是「講不聽」，但對Pamela來說，其實是Tommy不怕挫折的關鍵；而老師們最討厭的「愛講話」，則是他勇敢推銷自我的爆發力。

Pamela認為，傳統華人的教育觀念總是想保護孩子，最怕孩子摔跤，卻不知孩子要痛過，才能在錯誤中學習和成長，「學校鼓勵孩子去擁抱喜歡的東西，更要去闖、去冒險，像Tommy這麼熱愛限量鞋，那就讓他去試，讓他在追逐夢想的路上，發揮個性裡那些最棒的特質。」

一夕爆紅，被騙40萬人民幣

慢慢的，The Remade引起愈來愈多人注意。有NBA球星找上Tommy訂製特別設計的球鞋，也有美國媒體上門訪問The Remade。2015年，The Remade推出八雙結合中國新年元素的Air Jordan1設計限量鞋款，運用紅色麂皮及荔枝皮料交疊出精緻質感，鞋後跟寫著「恭喜發財」中文字，一夕之間更在社群網站爆紅。

當時Instagram上瘋傳這八雙鞋，很多人還以為是Nike

官方推出中國新年風味鞋款,看到連結網址是 The Remade 官網,才真正認識這個新興設計團隊,認識 Tommy。

爆紅的聲量,打響 The Remade 的知名度,來自美國和中國的訂單快速增加;一雙訂製限量鞋的售價在 1,500 美元以上,穩定的獲利也讓 Tommy 建立起信心,他決定往前邁進,推出更多設計作品。

他積極和大陸工廠合作,2016 年下了一張 40 萬元人民幣的訂單,對方負責人在微信上幾度承諾沒問題,沒想到

2021 年,Tommy 與歌手周湯豪聯手打造「祝你好命鞋」,詢問度爆表。

匯款過去後，對方卻消失無蹤⋯⋯

　　從沒見過對方的Tommy嚇壞了，緊急從洛杉磯飛去廣東東莞，找到工廠地址後發現整棟樓竟然全是空的，原來被騙了。回想當時，Tommy在東莞街頭愣了很久，最後他告訴自己：「我要留在這裡，重新來過。」

　　摔這一跤很痛，但也因此讓Tommy痛下決心，要留在大陸投入產業，不能再從美國遙控產線。他在廣州租了房子成立版房（工作室），招聘員工，也買了機器，正式在大陸創業，全程一條龍作業，自己掌握流程。

　　Tommy也學著去皮料市場找特殊面料，嘗試各種可能的再製手法。這種找資源的能力，正來自學校的訓練，他終於明白Pamela常說的「這些Skill（技能）會跟著你一輩子」，原來是真的。

睡版房三個月，父親眼中的鞋匠

　　大陸創業，比在美國辛苦千百倍，創業後又接不到半張訂單，Tommy沒錢租房，只好住在版房整整三個月，每天全身膠水臭味，要洗澡只能去健身房。

　　前面的路疑似山窮水盡，Tommy仍不退縮，他固執的堅信設計限量鞋產業的遠景，更何況他一路走來投注太多心力，豈能輕言放棄。

　　不久之後，遠在台灣的父母終於發現兒子從美國跑到了大陸，還有了一直隱藏的「祕密事業」。父親非常生氣，完全不能理解這個苦心栽培、在美國大學學電腦的長子，「為什麼要跑去當鞋匠？」

　　Tommy的父親，一生縱橫台灣的科技產業，位居鴻海副總，從他小時候便灌輸Tommy要念資訊科系，長大進入科技業的想法。對於從小調皮的Tommy來說，十分敬畏一板一眼的父親。

　　高中暑假時，父親要他到鴻海打工，每天在資訊室裡對著螢幕幫電腦找病毒、掃毒，全公司以為他是小工讀生，幾乎沒人知道他是副總的兒子，而正值青春期的Tommy，即使沒有薪水可領，也不敢「罷工」，每天乖乖到公司報到，直到開學前一天。

　　但這一次，即使父親堅決反對，Tommy仍不讓步，不斷向父親說明決心和夢想，Pamela也多次幫忙和父親溝通，父親還是認為做生意風險太大，遠不如進科技業當上班族來得穩定。

2016年底，苦撐的日子有了轉機，The Remade陸續接到訂單，生意漸入佳境。同時間，The Remade獲得國際知名潮牌媒體和網站報導，客源也不再只是私人訂製的限量鞋，很多知名品牌和企業上門談合作。The Remade開始有了大額訂單，銷售形式從B2C增加了B2B。

雲開月明，訂單來了

Tommy的努力，看在父母眼裡，對他創業的態度也逐漸軟化，他們會仔細閱讀中外媒體的報導，慢慢理解兒子的事業，更發現兒子真的長大了。Tommy還常常跟父親討論企業經營的技巧，父親總會侃侃而談，尤其當他帶著財務報表請教父親時，財務專業出身的父親更是興奮開講，雙眼發亮。

從那時候起，Tommy發現父親的影子深深刻在自己身上，他說：「我好像真正『轉大人』，知道要用企業家的心態經營事業，不能再像小屁孩一般小打小鬧。」

如今，The Remade每月平均有二十雙限量訂製鞋的訂單，並與多家知名品牌合作推出限量作品，設計領域也從

運動鞋跨足到背包等更多時尚用品。

Tommy說：「我真的太喜歡鞋子，鞋子讓我認識了很多特殊的人，包括球星、明星、企業主，這都是最珍貴的收穫。」熱情的眼神中有自豪，也有珍惜。

例如橙果設計負責人蔣友柏，從客戶身分和Tommy結為好友，這幾年有如大哥一般的提攜他，提供很多設計與企業經營的意見和協助，2021年他們合作的作品還在台北國際藝術展覽會、台中藝術博覽會中展出。

歌手周湯豪也是因球鞋而與Tommy結緣，2021年春節雙方合作推出親友限定的「祝你好命鞋」，連Nike總部設計師都在Club House上公開稱讚其設計。

承諾自己也承諾父親「我會更好」

細數這些成果，Tommy常想，如果讀了一般高中，今天他可能是一個科技產業的上班族，不會創業，不會成為一個「做鞋子的人」。他說：「因為傳統教育常希望孩子在安全的軌道上走，但學校鼓勵我們去做想做的事，成功與否不知道，但至少不會被打壓，一個學資訊的人，還是

可以用鞋子追夢。」

　　Tommy更感激父母的包容，尤其是沒能如父親所願進入科技業，但父親一路觀察、引領他，後來更以企業經營者的態度檢視、指導他。

　　但遺憾的是，2019年父親因癌症過世，來不及分享Tommy成果和榮耀。父親告別式的那一天，Tommy在心裡告訴父親：「Will always love you, still want to be your son in the next life.（爸爸我永遠愛你，希望下輩子還可以當你的小孩）」

　　他也告訴自己，今後的一切，父親都還會看著他，The Remade的每一天，都要走得更好。

邵冰如／採訪撰文

跨領域能力，成為理想的自己

「我後來才明白，原來我的腦袋都被考卷、分數、教科書困住了，還以為上學就是那樣。」

楊昆霖
Justin Yang

PAS Year of 2014／南加州大學（University of Southern California, USC），雙主修建築、企管（Bachelor of Science in Business Administration; Bachelor of Science in Architecture Studies）／現於洛杉磯Deloitte（德勤）企業管理諮詢公司，擔任房地產顧問（Real Estate Consultant）

美國南加州洛杉磯市中心的Bunker Hill有一群超高摩天大樓，是洛杉磯重要的金融、投顧中心，南加州銀行金融界菁英份子都在這裡上班。

2014年畢業的PAS校友Justin是其中一位。

他2019年底從南加大（USC）畢業，雙主修建築和企管。畢業後很快在被列為全球最大管理諮詢公司之一的德勤（Deloitte）找到工作，擔任房地產顧問，主要評估地產收購的市場研究與分析、優化地產結構等等。

未來兩三年內，他還打算到地產投資公司、地產私募基金的「客戶端」，轉換角色和立場，實際投入地產收購、房地產開發運作。Justin眼神發亮地說，這些都是他「為未來做準備」的過程，「等我把自己準備好了，我會有一間自己的公司。」

很難想像，現在投入金融相關領域的Justin，從小的唯一志向就是跟隨爸媽的腳步當醫生。

傳統體制下的「好」學生

「我一直是個乖小孩。爸媽、老師說什麼，我就做什麼，讀書、考試都很在行，卻沒有自己的想法，」Justin是台灣升學主義教育下的模範生，數學、英文、理化、生物……所有學科成績都很好，上學的目標只有一個——

考一百分、考第一名。而且他都做到了。

　　直到規劃大學要把孩子送出國念書的爸媽，在七年級時把他轉到 PAS，Justin 才發現自己一向以來引以為傲的優異成績、英文能力，竟然完全派不上用場。

　　老師上課聽不懂、同學討論插不上話、教科書看不懂、老師問問題回答不出來⋯⋯再聽到其他同學和老師口若懸河的對話，「我一個禮拜就被自己的挫折感打敗了。那個週末回家，我告訴爸媽，沒辦法去那裡上課。」

　　Justin 回到原來的學校，繼續在升學主義環境中得心應手，甚至跟著同學考完國中會考。

　　直到爸爸問他：「所以你不出國念大學了嗎？」他總算把像鴕鳥一樣埋在沙裡的頭抬起來，面對現實。

　　Justin 坦言，十年級再從台灣傳統教育轉學到美式教育，學習習慣、模式都已定型，其實更難適應。但他很清楚自己的目標在哪裡，也很清楚出國念書計畫已經倒數計時，「我咬著牙，下定決心不再逃避。」

　　Justin 第二次挑戰 PAS。還好這次有好幾個同時間轉學的新同學一起適應新環境，學習如何背單字、如何看懂英文原文教科書、如何在課堂上參與討論，開學前還一起到花蓮參加「新生夏令營」。

　　儘管心理建設做好了，「學習轉場」的震撼教育，還是一個接著一個。

　　上課第一天，他發現同學們竟然可以在課堂上跟老師辯論，師生間針鋒相對是常有的事。而老師不但不生氣，反而更專注聆聽每個人的想法，最後甚至還會被學生說服，同意他們的觀點。

　　「我太驚訝了，」Justin說，類似情境如果在他以前的學校，學生很快就會被帶到學務處告誡：「不可以跟老師頂嘴。」

　　再來，學校採取的主題式教學，總是花很多時間進行分組討論、專題報告。比方，歷史課不用教科書「教課」，老師卻和學生們用一節課討論一個歷史事件的前因後果；而畫海報上台做專題報告，竟然可以是期末成績。

質疑「這樣教，是有比較好？」

　　「一開始，我其實很不以為然，」Justin想到自己當時的想法，忍不住哈哈大笑。

　　他坦言那時心裡最常出現的OS是：「這樣教，是有比

較好？這樣評分公平嗎？這樣上學對我的SAT考試有幫助？我來這裡是為了要把SAT衝高分、申請好學校，不是來浪費時間跟同學討論這些的。」

現在回頭看看那段台式和美式教育之間的文化衝擊，Justin說：「以前上課只聽老師說，回家再把老師教的背起來，考試就會考很好，也覺得自己很聰明。」但學到的知識怎麼融會貫通？要怎麼有想法和觀點？他卻不知道，也從來沒有想過。

「我後來才明白，原來這麼久以來，我的腦袋都被考卷、分數、教科書困住了，我以為上學都是這樣的，」他笑著說：「那時，只要是對考高分、考好學校沒幫助的事情，對我就沒有意義。」

校長Pamela回想轉學之初在校園裡遇到Justin時，他當時滿臉的茫然，讓她至今印象深刻。

「我要他別擔心，深呼吸，相信自己可以做到，」Pamela告訴Justin，學校要培養孩子面對二十一世紀挑戰需要的解決問題能力、邏輯思考能力、團隊合作能力，而不是要他們去參加「記憶背誦競賽」。

Justin開始刻意要求自己跨出在台灣傳統教育體制下，由成績、考試主導學習的框架，逐漸習慣這個開放、自由

的學習環境。

在這裡，學生們每天的課表除了英文、數學、歷史、物理、化學、生物，還可以選修APP／編碼課、舞蹈／戲劇課、攝影課、聯合國課、音樂劇課，絕對不會發生「借一下術科來趕主科進度」的事情。

為「自己」而學

還不確定自己是「文科人」或是「理組人」，或是選擇困難時，老師就會說：「什麼都去試試看，慢慢發現自己喜歡什麼、想成為怎麼樣的人。」

學生從不會被「規定」什麼該學、什麼時候該讀書。每個人設定適合自己的學習時間表和進度，老師最常說：「學習是為了你自己，你得為自己負責。」

學習卡關了，沒有老師會翻出教科書的某一頁告訴學生答案，或是強迫學生「把公式背起來就好了」，而是引導學生自己找到解答問題的方法。

少了小考、週考、複習考這些每天輪番出現的測驗卷，同學間沒有為了一分、兩分計較的明爭暗鬥，取而代之的

Justin 沒有想到，在 PAS 愛上的藝術課，竟然改變了他從醫的志向，引發他對建築的興趣。

是分組專題研究時每個人貢獻自己最厲害的部分，一起完成最棒的報告。

　　下課後，不用趕著去補習，學校豐富的課外活動、社團活動才正要開始。學生會、籃球社、游泳社、校刊社、MUN……多元的社團活動給每個學生找到更多的潛能和興趣的機會。

　　他想到 Pamela 第一次和爸媽會談時一直強調的：「我們給孩子跨域的素養。鼓勵孩子跨越領域，探索不同領域的潛能，就能讓他們充滿信心，毫不遲疑前進。」在轉學到這裡後，Justin 說：「我總算慢慢懂了。」

　　事非經過不知樂，Justin 逐漸享受跨領域、多元及探索

的學習環境，甚至選修攝影、藝術、國際關係、聯合國主題課等，這些以前從來沒想過會去涉獵「浪費時間、和考試沒關係」的領域。跨領域多元學習的機會，在無形中給了他更多探索自我的能量，讓他發現了一個和過去那個只會死讀書的、完全不同的自己。

很快的，Justin最期待上藝術課。從油畫、水彩、平面設計到3D立體，他第一次發現自己對藝術領域有濃厚的興趣，熱愛用雙手設計、完成一個作品的過程。老師要求學生們不只是做出一個漂亮的作品，背後還要有想法、動機、故事，「我後來才意識到，每一次創作的過程，都在我的心裡種下了一些藝術的種子。」

他也熱衷參加MUN代表隊。在這裡，想參加MUN代表隊，得在校內經過層層篩選才有機會，要脫穎而出並不容易，Justin把這一段過程當成訓練自己的方式。

出去看看世界有多大

在校三年，他多次跟著代表隊到荷蘭海牙、新加坡、上海、北京……等地，和全球各地最會辯論的三、四千個

中學生一起討論全球議題。

他說：「一開始，聽到會場裡每個跟我同年紀的學生，都可以滔滔不絕的發言，我才了解以前在國中老師教的成語『辯才無礙』是什麼意思，」再看看自己，英文不夠好，沒什麼想法、更沒觀點，「其實那時的我，是很挫敗的。」

但是不服輸的個性，讓Justin花更多時間做準備，英文不好就多練習；沒有想法和觀點，就想辦法涉獵更多國際局勢的觀察。

他選修國際關係課程，課堂上老師提醒他：「不要只靠主流電視新聞的餵養，事情不會只有一體兩面。」

「媒體呈現的世界，是全貌嗎？還是只是經過設定的議題？」從被動接收者成為主動搜尋者，Justin的眼界變得更大，對國際議題的觀察也逐漸發展出自己的想法和觀點，他開始可以在MUN會議桌上侃侃而談，體會出參加模聯的有趣之處。

「出去看看才知道世界有多大。每次從MUN回來，我都覺得自己變得更好、更進步，」他笑著說：「我後來發現，他們（參加MUN的他國學生）英文比較好，但其實沒有比較聰明，我們要對自己有自信。」

跨領域能力開花結果

　　而開始悠遊在跨域學習的Justin，也不斷向外探索自己有興趣的議題，甚至修正未來目標。例如，喜歡科學的Justin，當時最關注每年的「搞笑諾貝爾獎」（IG Nobel Prize）。2013年的醫學獎得主是日本東京順天堂大學醫學部教授內山雅照（Dr. Masateru Uchiyama），得獎主題是實驗發現，給心臟移植手術後的老鼠聽歌劇，可以延長存活期達26天，讓一心想當醫生的Justin大受感動，決定大學時要雙主修生物和藝術，日後可以用藝術的方式治療病人，或是從藝術的角度改善人類健康，剛好完美結合他最喜歡的醫學和藝術領域。

　　高中畢業前最後一學期，Justin利用到荷蘭參加模聯會議的機會，也到歐洲各地旅行，對歐洲結合古典和現代的建築一見鐘情；再回頭看看台灣過度密集、老舊的城市景觀，他問自己：「難道只有當醫生這一個途徑，可以改善人類健康嗎？」「設計完善的建築、都市景觀，是不是也可以增進人類心理健康，進而使身體更健康？而這，是不是我更想做的事情？」

　　獲得爸媽支持後，Justin決定放棄生物，到全美大學建

築系排名前十大的南加大（USC）主修建築系。

志願不斷改變，目標卻更清晰

南加大建築系走現代化建築「以人為本」的研究主軸，結合建築和人文學科，除了建築技術和設計技巧，同時強調建物所代表的文化背景、人文風土、社會結構都要考慮，所以藝術史、人類學、社會學等都有涵蓋，Justin的眼界一下被打開。

暑假則是Justin走出校園，到建築業界實習「找自己」的最佳時間。他一直記得Pamela說的：「什麼都去試。沒有真正嘗試過，你不會知道自己到底喜歡、不喜歡。」

不只美國的建築師事務所，他利用回台灣的機會，也在

從只會考100分的孩子，到為自己而學，Justin跨領域的學習，如今開花結果。

李祖原、姚仁喜兩位大師級建築師的事務所實習。「這些很厲害的建築師讓我發現，當一個建築師很容易，但要能夠永續經營一家建築師事務所，卻是很不容易的事情。除了建築專業一流，經營企業的態度和方法、管理，也很重要。我開始想，我要怎麼樣，才能變成跟他們一樣呢？」

回到美國，Justin再度挑戰跨域，到南加大商學院輔修企管課程，學金融、會計、管理，花了五年時間，在2019年取得南加大建築系及企管系雙學位。

「我的志願」從醫生到建築師，主修從生物、藝術、建築再到企業管理，畢業後落腳地產顧問界。每一次站在跨領域的十字路口，猶豫、害怕、茫然是Justin最常出現的心情，經歷許多次和自己的「轉場對話」，他總告訴自己「沒什麼好怕的！」然後就有鼓起勇氣大步往前，邁向前方柳暗花明的力量。

有沒有什麼想跟學校說的話？Justin露出靦腆的表情，害羞地說：「謝謝學校，給我突破框架、跨越領域的能力，我才有機會成為現在的我。」曾經只會考試的Justin，已經走出自己的光芒與未來。

朱乙真／採訪撰文

第二個媽，用愛克服叛逆期

「Pamela最在乎的是我喜歡什麼、我想幹嘛，而不是我的成績可以帶我去哪裡。」

果玲
Lynn Kuo

PAS Year of 2014／波士頓大學旅館管理學院（Boston University's School of Hospitality Administration）畢／現於美國知名廣告代理商 Wieden+Kennedy Advertising Inc. 上海分公司，擔任資深品牌專員（Senior Brand Executive）

　教育的意義，是要把每個人訓練成一模一樣的模範生？還是讓孩子任性自在的生活？兩者間的拿捏，是親子師生永遠的功課。在這所學校，每個學生都是獨一無二的個體，校方和家長包容孩子不同面向與個性，但也從旁引導絕不放縱，當孩子羽翼豐滿之際，才能振翅飛向更好更遠的地方。

　Lynn的中學時代，幾度任性暴走，闖禍不斷，讓父母老師傷腦筋；而如今她搖身一變，成為知名外商廣告公司的專業人才，擁有清楚的人生目標，在成長的路上，教育發揮了關鍵力量。

「還好有學校，不然我一定長歪」

　「我小時候就最討厭人家管我，最喜歡耍酷，但現在回想，老實說，真不知那時到底在想什麼？」深耕業務和公關領域的Lynn說話生動，提起當年，瀟灑的口氣中有一點自嘲：「還好有學校，不然我一定長歪。」

　Lynn有一對觀念開放的父母，從小不會在課業上給她壓力，爸爸重視潛能開發，安排她上各種學業以外的課程，從鋼琴、長笛、小提琴，到素描、電腦課，他主張孩子要多方嘗試，才知道真正的興趣。

　父母也希望Lynn長大後能出國念書，因此國中先在台

灣就讀私立中學的國際班。九年級時，又安排她到美國舊金山讀中學，先試試真正的美式教育和獨立生活。

Lynn 在美國就讀的是一所天主教女校，校方管理非常嚴格，學生一律住宿舍，每晚得在食堂點名，然後晚自習，睡前舍監還會收走手機，統一保管。

Lynn 從小自由慣了，受不了這樣的約束，她成天和舍監鬥法，被窩裡藏著另一支手機，舍監常常從門縫查看她房間的燈是否還亮著，把她逮個正著。

她向媽媽反應：「我念不下去了。」但媽媽怕她在美國學壞，天主教女校嚴謹的管教方式，是不得已中的最佳選擇，只好勸女兒要忍耐，好好完成學業。

有一次，流行樂天后女神卡卡在學校附近辦演唱會，Lynn 抱著「錯過會終生遺憾」的想法，一下課就和同學溜出校園，蹺掉晚自習去看演唱會，直到深夜才回宿舍。

「偷溜」行動引發校方大怒，Lynn 的第二支手機也因此被發現且沒收，校方立即通知家長說她「嚴重違反校規」，但媽媽的反應很平靜，只覺得「去看卡卡還好吧，又不是做壞事」，她希望給女兒一點自由的空間。

媽媽最後同意讓 Lynn 讀完九年級便回台。而在她離校時，舍監特別來告別，溫柔的祝她好運。「看著她的笑

臉，我突然釋懷，這才明白她其實只是盡責的在做一份工作，我真是對不起她，也辛苦她了，」事隔多年，Lynn想起當時不禁搖頭：「我小時候實在太皮了。」

媽媽的堅持，拒絕傳統教育體制

從美國回台後，Lynn一心想重回國中時就讀的那所私立中學國際部，因為朋友死黨都直升高中部。媽媽不同意，因為早在國中七、八年級時，私校國際班就必須同時上台灣及美國兩地的課程，課業壓力很重，Lynn念國中時就每晚十點才放學回到家，而且她數學成績原本就不好，媽媽擔心她去美國一年回台後，會更銜接不上。

經過四處尋覓打聽後，媽媽選中了PAS，Lynn卻大哭大吵拒絕就讀，媽媽不讓步，她認為女兒在此可以體驗純美國式的教育模式，學業壓力會小得多。

但其實，媽媽的堅持更源自一份深切的憂慮，Lynn剛上國中時，兩次段考的數學都只有二十分，她曾經難過地在週記上寫著：「二十分！我要崩潰了，數學這麼爛，以後怎麼辦？！」老師看到後通知媽媽，Lynn的「崩潰」

在媽媽心中留下很深的陰影，她絕不讓女兒再回到那個充滿壓力的環境，一定要幫她找到一個最適合的學習環境。

叛逆青春期，成天跟校方作對

就這樣，不想去美國讀書，卻被送去一年；以為回到台灣，可以在原本熟悉的環境下上課，卻又不可得。Lynn又帶著滿腔怨氣和怒火進了學校，因為家在台中，她同時住進宿舍。

進入新環境的她看什麼都不順眼，再一次展現叛逆期的火爆性格，天天違反校規，穿夾腳拖上學。學校要求大家說英文，她偏講中文，學生要用英文名字介紹及彼此稱呼，她卻硬要用中文全名，逢人就說：「Don't call me Lynn，我叫果玲。」

她的暴走，常讓校長Pamela氣炸，幾乎天天找她談話。但Lynn沒在怕，總是拉高分貝和Pamela大吵，Pamela愈生氣，Lynn心裡愈開心，為的是想吸引注意，「希望大家說我酷，」她更理直氣壯地告訴媽媽：「Pamela超級兇，她幹嘛老是罵我，我又沒做錯什麼，說

中文穿夾腳拖，也還好吧。」

　　但無論再生氣，Pamela 從不曾想過放棄這個孩子。她常常找 Lynn 的媽媽到學校商談，好幾次，Lynn 看到媽媽突然出現在校園裡，媽媽無奈的說：「Pamela 叫我來，把我念了一頓，說我沒有教好你……」

　　跟 Pamela 的談話讓 Lynn 的媽媽很難過，但她不反駁，反而認同 Pamela 的理念，每當 Pamela 問她：「你到底了不了解你的女兒？」也讓她反省自己是不是沒教好孩子，心裡想：「是不是逼孩子換學校做錯了？」

　　對 Pamela 來說，Lynn 的確是個「難纏」的孩子，「我知道她討厭我，但這所學校的教育絕不去討好學生和家長，該糾正的我們一定糾正，」她知道 Lynn 的叛逆來自憤怒，並不是真心使壞。

　　Pamela 一心想拉回這個孩子，因此不論 Lynn 如何在校長室大吵，只要她出了狀況，Pamela 一定會幫她解決。例如她有時不交作業，氣得老師想罰她，這時 Pamela 會出面先找 Lynn 來問明原因，跟她談條件，要求她不能再犯，再請老師「重新給 Lynn 一次機會」。

　　Pamela 更看出 Lynn 有著一種罕見的領導特質，在同學之間就是個一呼百諾、人緣極好的「大姐頭」，不管惹出

任何麻煩，都願意承擔不迴避。連帶的也常有同學跟著她穿夾腳拖、說中文，Pamela氣歸氣，卻也深知必須將Lynn的大姐頭特質，引導往好的方向發展。

不放棄的校長，找出孩子的優點

經過反覆爭吵、談判、勸導，在無數次的一退一進之間，Lynn慢慢明白，Pamela不但沒有放棄她，還真心想幫她。而在Pamela每次罵她帶壞全校風氣時，她也逐漸發現了自己的領導力與影響力，「如果我很容易影響別人，就該對自己的言行負責任。」

她慢慢長大，開始提醒自己，襪子和運動鞋逐漸重新穿回了腳上，想說中文的時候，也會提醒自己忍一下。

上了十一年級，每個人都開始為申請大學做準備，學生們在開學時要先跟Pamela一對一面討論選課。Lynn也不例外，她不再是張牙舞爪的小屁孩，常提醒自己不能再浪費時間，要對學業認真，定下心，努力準備上大學了。

Lynn不再和Pamela吵架，反而靜心聆聽Pamela分析她自己的特質，再逐一跟Pamela討論她適合選哪些課。

Lynn發現校長原來「頗可愛」，並不是那麼高高在上、愛罵人，反而是一個真誠且值得親近的大人。

　　她甚至開始會在放學後主動跑到校長室去和Pamela聊天，嘰嘰喳喳說著生活瑣事和同學間的趣聞，Pamela總是認真傾聽，叮嚀住校的Lynn要留意健康和飲食。

曾經叛逆暴走的Lynn長大後進入知名外商廣告公司歷練，教育在她身上發揮了關鍵的力量。

Lynn有一天更驚覺，在Pamela身上好像看到媽媽的影子，忍不住說：「你是我的Second Mom，之前都誤會你了。」Pamela大笑：「現在發現還來得及。」

長大的孩子，發現了Second Mom

Lynn更常常和Pamela談未來，告訴Pamela自己不知道選什麼校系的迷惘，但每次聊下來，她發現Pamela和以前遇過的師長完全不同。她說：「校長最在乎的是我喜歡什麼、我想幹嘛，而不是我的成績可以帶我去哪裡。」

她也謹記Pamela說過，凡是從這所學校出去的孩子都是最優秀、最棒的，但優秀的定義並不同於所謂世俗觀念中的考高分、進名校等標準，而是每個孩子能在他投入的領域努力追求自己的目標。「學校給我們的信念就是只要努力，不管往哪個方向都沒關係，無論是當醫師、還是當廚師，都可以實現夢想。」

她也回頭檢視自己，「Pamela沒有因為我是問題學生就不管我，而是一視同仁的對待，」Lynn說，那時終於明白Pamela其實花了非常多心思在她這個問題學生身上，

「她很怕我歪掉，所以提供更多的關心、協助和時間，這
對我來說是很特別的。」

　　就像Pamela為了引導她的「大姐大」個性成為正向的
影響力，不時會交給她各種「任務」。Lynn十二年級下學
期時，因為班上同學都申請到大學了，心情很放鬆，根本
不想上課，一門個體經濟（Micro Economy）的課堂裡，
懶洋洋的氣氛把老師氣得要命，於是Pamela找Lynn來商
量，阿莎力的她一口答應，不但自己立刻認真上課，還號
召同學們再努力一下。

　　在她的帶頭之下，全班的士氣很快振作起來，重新綻放
學習的熱情，上課時熱烈討論的氣氛又回來了，讓老師很
欣慰。而Pamela事後也不禁笑著向Lynn豎起了大姆指：
「我就知道交給你沒錯！」

　　Lynn開朗外向，樂於跟人接觸的個性，讓Pamela看好
她未來的發展。十二年級申請學校時，Pamela建議Lynn
不妨試試申請飯店管理相關科系，最後她順利進了波士頓
大學（Boston University）的飯店管理學院。

　　但一離家到了美國，Lynn再度變身脫韁野馬，徹底解
放自己，每天瘋狂的玩，學期結束時，成績單上一片F，
校方甚至寄出通知，提醒她再當下去就要被退學了

大二上開學沒有多久，Lynn闖了更大的禍。那時她租屋住在學校附近，有一天出門時看到屋外來了好多消防車和警車，還聽到警察說：「這是五年來附近最大的火災。」結果驚覺熊熊大火燒著的，正是自己租屋的那棟樓。

後來警方調查發現，起火原因來自Lynn屋內。雖然這場火災未造成任何人傷亡，Lynn還是驚恐交加，她挨家挨戶向鄰居道歉，更記得火災發生時曾在樓梯間遇到一位坐輪椅的老太太逃不出去，後來在警衛幫忙下才脫困。當她看到老太太平安無事時，忍不住淚水決堤，她重重發誓，自己的人生不能再這樣了。

闖下大禍後，Lynn沒敢告訴台灣的媽媽，而是選擇先告訴Pamela，即使已經從學校畢業了，但Pamela依然是她的「Second Mom」。

Pamela沒有罵她，只在電話裡問她：「經過教訓，有沒有長大了？自己闖的禍，會自己收拾了吧？」

二、三個月後，為了賠償鄰居七千美元的火災損失，Lynn鼓起勇氣打電話向媽媽求助，媽媽傷心的哭了：「你為什麼又讓我失望？」媽媽的眼淚滴在Lynn的心裡，她在電話這頭跟著泣不成聲。

Lynn深知，一次次的荒唐暴走，如果發生在傳統的台

灣教育體制裡，她可能會被貼上標籤甚至會被放棄，但「兩個媽媽」一直包容她，而且耐心的等她長大。

Lynn 也檢視自己的心：「我不怕媽媽生氣，但最怕她失望難過。」她告訴自己，永遠也不要再讓媽媽失望了。

以媽媽為典範，用功苦讀拚未來

至此，Lynn 收起玩心，認真思考未來，除了飯店管理，還選了不少傳播學院和商學院的課，嘗試其他領域，而且變得非常用功，大三、大四每科的成績都不錯，最差的也有 B+。

「我想跟媽媽一樣，她是我的榜樣，」升上大三之後，Lynn 和媽媽的關係變得有如朋友，媽媽是義大利某知名精品品牌的亞洲區總經理，她常和媽媽討論很多對未來的想法，更開始思索媽媽在職場和家庭之間的奮鬥歷程。

她記得讀小學時，在大陸工作的媽媽每個週末從上海趕回台中，只為了可以陪孩子過週末；更想起媽媽從小家境並不好，年輕時當過作業員和業務，但一路苦拚，終於在商場上有了傲人成就。

2018年，Lynn大學畢業回台，先後進入台灣最知名的兩家外商廣告公司，從公關到業務，展開不同層面的學習和磨鍊，她工作很拚，希望加緊努力，趕快成功，讓父母放心。她以媽媽為榜樣，想走上和媽媽一樣的路，征戰商場，「我希望有媽媽十分之一的成功。」

從叛逆少女到全方位企業人才

2021年夏天，Lynn又爭取到美國知名廣告代理商Wieden+Kennedy Advertising Inc.上海分公司的資深品牌專員（Senior Brand Executive）職位，前進大中華市場接受更大的挑戰。她相信那裡的廣告案例更多、更活，一定可以學得更多，未來還能從Agent（經紀）跨足到Brand（品牌）領域，再大步邁向Marketing（行銷），成為全方位的企業人才。

回顧職場的成長，Lynn說，她很慶幸當年媽媽為她選擇了這所學校，因為學校給她很大的自由，讓她看清自己，找到了方向，後來也才能在飯店管理系同時學到商業和傳播，開創了人生更多可能性。

　　走過叛逆荒唐的青春，Lynn如今蛻變成專業認真的跨國廣告人，眉宇間有著成熟懂事的責任感。接下來，她要走向更大的世界，兩個媽媽的愛與祝福，也將一路相隨。

邵冰如／採訪撰文

學會面對挫敗，迎向21世紀挑戰

「學校裡的每個孩子都有最大的空間、最多的機會發現自己的長處，甚至發現自己的潛能。」

胡愷涵
Kara Hu

PAS Year of 2015／賓州大學（University of Pennsylvania, UPenn）學士，主修哲學、政治與經濟（Majors: Philosophy, Politics, and Economics, PPE, Concentration in Public Policy Process），輔修消費心理學（Minor: Consumer Psychology, joint-minor with the Wharton School）／現於紐約數位整合行銷公司WITHIN擔任專案經理

2015年的畢業生Kara Hu，至今仍是PAS校園裡的「傳奇人物」。校長Pamela是這樣形容她的：「愈小跌跤，復原能力愈強。學校鼓勵孩子勇敢迎向挫敗，我們給孩子站起來的勇氣。Kara證明了我們的教育哲學走在正確的道路上。」

今年25歲的Kara，畢業後便赴美就讀賓州大學（University of Pennsylvania, UPenn），現在在紐約一間數位整合行銷新創公司工作。

Kara小學時平均每兩年換一間學校，五年級終於落腳PAS，是創校校友之一。七、八年級因為爸媽外派歐洲，Kara因而有在比利時首都布魯塞爾求學的經驗，九年級再回到這所學校。

在地球村成長的小孩

到布魯塞爾是Kara第一次到陌生國家讀書，對當時剛進入青春期的Kara來說，會不會很難調適呢？「完全不會耶！」Kara說，還好從小在外僑學校讀書，少了語言障礙，當時很快就適應了，甚至很多同學以為她是從美國來的ABC，「學校有來自全球七十多個國家的學生，每個人的母語、文化都不同，英語成了共同語言，學校就是地球村，一下子打開了我的眼界。」

PAS在學科融入亞洲嚴謹的上課方式，讓Kara打下深厚的數學和寫作基礎，成了她在布魯塞爾讀書時的優勢。她的數學程度超前，被指派為數學小老師；PAS課堂上寫小論文的訓練，也讓她在寫作課游刃有餘，毫不遜色。

「我最懷念布魯賽爾的地理課，」Kara記得地理老師從「人文地理學」角度出發，領著初中孩子討論地球環保、社會正義、公平貿易等全球化議題，種下Kara日後關注環保議題的種子。

帶著歐洲人文文化洗禮回到這裡，Kara變得很不一樣。

「每個學校都會有風雲人物，一群學生中一下子被看到的那種孩子，Kara在校內就是這樣的角色，」Pamela回憶，Kara學業永遠第一名，課外活動也總是擔任最重要的角色，非常耀眼。

打破框架，激發思辨的能力

由於PAS每個年級只有一班，平均二十幾位學生，完美的師生比讓老師能打破單一學科的框架，進行主題式教學。Kara就對老師創意十足的教學方式印象深刻。

　　她記得AP美國歷史課，學期開始第一堂課走進教室，看到四面空空如也的白牆。之後每次上課時，歷史老師和同學們一起慢慢將白牆畫上課堂討論、研究後的美國重要歷史事件。

　　等到一學年的最後一堂課時，歷史教室裡的四面牆，已經變成密密麻麻的美國歷史時間表，一路從西元1620年「五月花號」客船載著102名從英格蘭前往美國的清教徒開始、成為世界第一強國，到二十世紀美國選出第一個黑

在地球村長大的Kara
始終關心環保與動物議
題，大學時還曾到泰國
當志工，幫大象蓋房子。

人總統歐巴馬。隨著牆上的時間表，四百年美國歷史的每一個重要環節，清晰刻劃在 Kara 腦袋中。

十一年級時的政治學老師則是帶領 Kara 探索這個浩瀚的學科領域。不管是寫小論文或是做報告，老師總是不斷提出不同的觀點、思考方向、邏輯脈絡，激發她思辨的能力，甚至打破她固執己見的框架。讓她在布魯塞爾種下的政治、社會關注種子，逐漸萌芽。

「政治學老師從來不會把我們當成還沒成年的毛孩子。我最享受在他的課堂上，我們就和他一樣是成熟的大人，可以對等討論、辯論政治、社會議題，他總是非常有耐心聽我們的想法，而不只是把『應該這樣、應該那樣』的結論帶進來，」Kara 直到畢業多年後，仍然繼續和老師維持聯繫，只要遇到自己想不通的「關卡」，第一時間就會想起這位老師。

也是從十一年級開始，Kara 和同學開始面臨美國大學入學測驗（SAT）和申請大學的論文壓力。想到要和全世界的高中生一起競爭美國頂尖大學的入場券，孩子們難免感到焦慮。

了解孩子們孤軍奮戰的孤單，學校安排十一年級學生一起做 SAT 模擬考、一起寫論文，甚至每週六一起到學校

準備申請大學的各種要求，這種一起並肩作戰，一起為目標、夢想而努力的感覺，讓當時的 Kara 充滿能量，最後順利申請到位於費城的常春藤聯盟大學——賓州大學。

根據統計，賓州大學（以下簡稱賓大）2015 年的錄取率是 9.9 ％，是美國最難進的學校之一。想要進賓大，光靠高中頂尖 GPA 絕對不夠，賓大招生最看重的是：Leadership，領導統御能力。

小小的學校，給學生最大的空間

而這正好是 Kara 在校最亮眼的表現，她不但是學生會會長、籃球隊隊長，也是模擬聯合國社團會長。豐富的課外活動履歷及累積的領導統御經歷，讓她獲得賓大面試官青睞。

Kara 將這些榮耀歸功於 PAS「小小的學校、少少的同學」（Kara 畢業時 PAS 還在光復中學大樓裡，尚未搬到現址）。

她說：「我讀這裡時，學校剛起步，當時每個孩子都有最大的空間、最多的機會發現自己的長處，甚至發現自己

的潛能。」

　　高中部的年度音樂劇是校園中的一大盛事，許多小學生從小看著大哥哥大姊姊在舞台上演出，心裡面都希望趕快長大，也可以站在舞台上。Kara也是其中一個。

　　上了高中，Kara積極參加音樂劇演出，一開始在交響樂團吹長笛，後來老師鼓勵她嘗試演出。那次的劇本是《綠野仙蹤》（The Wizard of Oz），她的角色是奧茲國四個女巫中有綠色皮膚的西國魔女。

　　「我的個性本來就內向、害羞，第一次演戲時已經很緊張，還要全身塗成綠色上台面對全校老師、同學還有家長，根本沒辦法，」Kara笑著說自己當時的確有「偶像包袱」，上台演出成為她巨大的恐懼，每次音樂劇課，就很想蹺課。

　　後來老師把她帶到校園裡一個空曠的角落，播放《綠野仙蹤》配樂，要她把眼睛閉上，幻想自己穿上黑色衣服，戴著黑色尖帽、腳穿尖頭鞋，把自己當成真正的女巫走路，「你相信自己是女巫，你就會變成女巫，」老師這樣跟她說。

　　「我告訴老師，我很怕別人笑我，」Kara記得老師用爽朗的笑聲告訴她：「其實沒人會笑你，他們只會覺得

你超級厲害、超級酷。」

　　Kara慢慢進入情境，揣摩西國魔女的舉手投足、說話神態和語氣，甚至笑聲，後來正式演出時，在舞台上的她根本覺得自己「就是」西國魔女，一點不覺得自己在「演戲」，當然獲得如雷掌聲。

再大的困難，都可以「弄假成真」

　　「美國有一句話說：『Fake it till you make it.』一直假裝，直到成真，就是我那時候的情形。我想辦法克服恐懼，讓自己融入角色。」而這次經驗，也讓她找到方法面對後來的任何挑戰，「我現在對自己超有自信的，只要相信自己可以做到，或是假裝自己可以做到，無論多大的困難，最後都可以『弄假成真』。」

　　Kara後來把這一段學習過程寫成申請賓大的小論文，從一開始的極度抗拒，如何調適、怎麼克服恐懼，最後學習到用什麼心態面對未來挑戰，讓面試官印象深刻。

　　十年級開始，Kara加入校內的模擬聯合國社團，每週四聚會都有一場模擬辯論，每人代表一個國家，練習在談

判桌上藉由辯論尋找解決國際爭端的辦法。和其他外僑學校、國際學校不同，校方非常看重MUN，甚至把它變成一門正課，教授聯合國的組織、歷史、跟國際間的關係等等，是一門節奏非常快、內容扎實的課。以學生為主體的課堂教學模式，分組討論世界議題、提出解答。

十二年級時，身為校內MUN會長的Kara，和Pamela一起帶隊到荷蘭參加全球中學生最大規模的海牙國際模擬聯合國大會（THIMUN），和來自全世界各地將近4,000個最會辯論的中學生對話，她甚至成功爭取成為當年THIMUN安全理事會（Security Concil）的主席。

「出國參加MUN會議，讓我接觸到學校裡不常有機會嘗試的各種議題，是學校對我影響最大的經驗，」Kara說，如果是在規模比較大的學校，想代表學校出國參加MUN絕對不是件容易的事，但這卻是這所學校裡的每個孩子都經歷好幾次的體驗。

她分享，站在MUN講台上，每個人都得針對某項議題發表看法、提出意見，或是對國際議題做更深入的研究，在每一次的辯論中，聆聽對手的論點，也是很大的學習。「第一次面對大場面當然會很緊張，但累積許多經驗後，我們每個人都愈來愈沉穩，有更縝密的思緒和邏輯，」而

這樣的經驗，讓 Kara 從高中時就習慣用批判、更深更廣的觀點看世界。

「在高中令人徬徨的時期，在這樣不斷的修正和探索間，很多人因為 MUN 的經驗而找到自己大學的方向呢，」Kara 說。

一路順遂，進到夢想中的大學

比利時求學時埋下關注社會議題、政治學的種子，回到 PAS 之後，在學科、MUN 各方面的滋養下逐漸萌芽、茁壯，申請大學時 Kara 選了賓大橫跨哲學、政治和經濟學科的主修 PPE。

進到 2020 年 US News 排名全美第六的賓大，Kara 說她那時「眼睛一下子就亮了。」

「我熱愛學習，更熱愛跟喜歡學習的人在一起，賓大給我的第一個感覺就是『我來對地方了！』」她也發現賓大學生不只專注在學業，而是花更多時間在課外活動，尤其是和社會相關的議題，「這完全是我夢想中的大學啊。」

從小到大一帆風順的成長、求學過程，Kara 卻在進入夢

想中的大學後，遭遇挑戰。

原來，因為賓大有全美排名第一的華頓商學院（Wharton），學生的職涯規劃很早就起跑。學校裡各式各樣的職業社團，金融社、市場行銷社、投資顧問社等等，經常邀請在華爾街工作的校友幫學弟妹做模擬徵才面試。「賓大有一個學長姐傳下來的『就業黃金指南』：大一開始實習、大二找到好實習、大三找到夢幻實習、大四得到夢幻工作機會，」Kara說。

儘管Kara也到華頓商學院輔修消費心理學，但當絕大多數的賓大人都以投顧、銀行、華爾街為目標時，這樣的氛圍和同儕壓力，卻讓她喘不過氣。

Kara說她一開始也跟著大家，立志進麥肯錫（McKinsey）、波士頓諮詢顧問（Boston Consulting Group, BCG）這些管理顧問業龍頭，卻發現沒這麼容易，「而且，好像也不是我擅長的領域。」

當時，Kara每年耶誕節都會回台灣和家人一起過，這也是她從家庭、親友溫暖中修復心靈的時刻；充好電，就比較有勇氣繼續回學校。和Pamela見面也是她每次回台灣時不可或缺的行程。

Pamela透露，在大二、大三時的Kara，狀況真的很不

好，「第一次看到這個曾經渾身光芒的女孩，眼神中的茫然、無助，我好心疼。」

原來，在大學裡 Kara 遇到一群志同道合的好朋友，走上強調友善動物和環境的素食主義者生活方式，為了減少對動物的掠奪、虐待和剝奪，不吃動物性產品，沒想到過度極端、快速的改變，營養不良對她的身體健康造成巨大影響，不只體力變差、無法專心，甚至連精神狀態、情緒都跌入谷底，加上課業壓力也不小，原來想做什麼就可以輕易達成目標的 Kara，發現自己失去了心想事成的能力。

摔跤後，勇敢站起來的能力

「我那時真的很迷惘，有一段迷失自我的慘綠歲月，」Kara 如今已經可以笑談那段灰色記憶，「每天忙著追求的其實並不是我內心深處想要的，好痛苦。」帶著這種「lost（失落）」的情緒，Kara 學業成績一落千丈、大三暑假的實習全軍覆沒，幾乎快要被挫敗感擊垮的她，決定休學半年回台灣。

身心俱疲回到台灣的 Kara，想到在校時參加音樂劇的

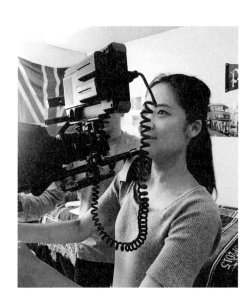

找到自己真正想走的路，復學後開始選修電影拍攝課程，Kara恢復自信光彩。

美好經驗，剛好Pamela正在計劃送學傳播、電影相關科系的校友到計劃打造「洛陽的好萊塢夢工廠」的美國特效公司Legend 3D在中國的基地實習，天時、地利、人和之下，Kara立刻加入校友實習團隊，一起前進洛陽。

　　這個在洛陽的暑假，Kara擔任專案經理，和團隊一起完成小動畫，獲得客戶極大讚賞，她也在過程中發現自己對3D、電影的熱愛。

　　回到賓大後，Kara不再盲目的跟著「大家」走同樣的職涯規劃，她知道自己要的是什麼，開始到藝術與科學學院

選修電影拍攝、3D動畫課程。

2019年6月畢業後，Kara順利在紐約一間幾個年輕人共同創業的數位整合行銷新創公司WITHIN，找到專門負責市場行銷的工作，由於出色表現，Kara短短幾個月內就被升職為整合媒體部門經理。

Pamela後來再看到Kara，「哇，從前那個陽光、開朗的孩子又回來了，而且變得更有自信。看著她渾身散發出的光芒，我知道她做到了。」

Pamela說，傳統台灣教育總是要孩子「趨吉避凶」，想辦法幫孩子避免失敗的可能，不過這所學校的教育理念恰恰相反，「我們教孩子摔跤後勇敢站起來的能力。」

「面對失敗是一個多麼重要的學習過程？是教育中最有價值的部分，」Pamela認為，孩子從真實的失敗經驗中學習到如何收拾自己的懊惱、努力迎向挫敗，再站起來的時候，將會站得更穩、挺得更直，「這才是我們要給孩子的，面對二十一世紀挑戰的能力。Kara就是最好的例子。」

朱乙真／採訪撰文

目標明確，
堅定擁抱
所愛

「大家各奔東西，在世界不同
城市讀書、工作，我最好的朋
友都還是這所學校的同學。」

余尚宸
Sean Yu

PAS Year of 2013／伊利諾大學厄巴納－香檳分
校（University of Illinois at Urbana-Champaign,
UIUC）電機系學士及碩士（Master of Engineering
in Electrical Engineering; BS in Electrical
Engineering, Minor in Computer Science）／現
於蘋果公司（Apple Inc.）擔任無線通訊 SOC 系統
整合工程師（Wireless SOC System Integration
Engineer）

「堅持需要勇氣。有些孩子很小就有明確的目標，知道自己的熱情在哪裡，便腳步堅定的逐步完成。Sean就是這樣的孩子，」校長Pamela如此形容2013年畢業的校友Sean。

2013年，Sean進入伊利諾大學厄巴納—香檳分校（University of Illinois at Urbana-Champaign，簡稱UIUC）主修電機工程（Electrical Engineering），副修電腦資訊（Computer Science）；2018年春天，他拿到UIUC電機工程碩士學位。

一路走來，始終如一

被譽為「公立常春藤」的UIUC是美國十大聯盟（Big Ten）創始成員，和加州大學柏克萊分校（UC Berkeley）、密西根大學安娜堡分校（UMich-Ann Arbor）並稱「美國公立學校三大巨頭」。UIUC也是全美最優秀的理工大學之一，電機工程學系在《U.S. News》大學科系排名始終保持在前十名名單中。

2019年2月開始，Sean在眾人嚮往的夢幻公司——蘋果公司任職，擔任無線通訊SOC系統整合工程師，成為蘋果公司在北加州庫比提諾（Cupertino）小鎮的全球總部——蘋果園區（Apple Park）12,000名員工其中一位。

他的工作主要是將功能不同的幾個晶片整合成具有完整系統功能的一個SOC晶片，不但縮小體積，而且更省電。

「這真的是我的Dream Job！」露出標準「電機男孩」害羞、靦腆的笑容，Sean說他和團隊研發、測試的晶片，之後都會被裝載到iPhone、MacBook或其他蘋果裝置上，「每次想到自己參與的產品是被全世界人廣泛使用的，我的家人、朋友用的蘋果3C當中也都有我的貢獻，就覺得好有成就感。」

「Sean中學就懂得設定目標、擬定計畫，逐一實現自己的夢想。如果你可以一直擁抱一個自己熱愛的東西，一路專注、努力的走下去，那也是一種未來，」Pamela說。

Pamela回想Sean到UIUC讀書沒多久，她剛好有機會參訪這個距離芝加哥開車要兩個半小時的校園，「沿途都是玉米田，牛比人還要多。我想，天啊！這麼無聊的地方，怎麼有孩子待得住？」

看到Sean悠閒自在的樣子，Pamela忍不住問他：「這裡，你可以？」大男孩一臉燦笑：「Pamela，我好喜歡這裡喔，你想想，除非來這裡念書，不然我怎麼可能有機會在這裡待好幾年？」

問他不無聊嗎？Sean回答：「不會啊，我知道我為何而

來，我每天都超充實的。」

　　Sean小學五年級舉家從加拿大搬回台灣後，一路跟著Pamela從新竹美國學校（HAS）到PAS，是創校校友之一。從小學開始，他就展現了優異的數理天分，受到在半導體產業工作爸媽的啟發，他很早就立定向，以科技、電機工程為目標。

　　「小時候，我的數學成績特別好，很多人建議我念會計、統計，或是走純數學研究，但我知道自己對數學相關領域沒有特別的感覺，」Sean說：「我很清楚感受到自己對物理、電子學的熱情，只要有這方面的課或專題報告，無論多累、熬夜多晚，我都樂在其中。」

「只有你一個人選修，也會開課！」

　　目標清楚，Sean勇往直前。他在學校裡的選修課，把和物理、電子相關的課全都上完了，甚至還完成包括物理、微積分等大學先修（AP）課程。

　　他記得那時想修AP物理課，沒想到全校只有他一個人要選，原本以為課一定開不成，正覺得有些可惜時，老師

卻告訴他：「只有你一個，也會開課。」

這堂一對一的AP物理課，讓Sean有機會照自己的學習進度前進，從大學普通物理、半導體物理到光電物理，都可以和老師討論、研究，成了他在求學階段非常特別的記憶，「這應該是只有在PAS才會發生的事吧，」他笑著說。

因為數理的突出表現，Sean中學時期通過美國約翰霍普金斯大學天才青少年中心（Center for Talented Youth, CTY）考試，每年暑假都會到洛杉磯參加夏令營。

CTY是全美國最大的資優青少年教育基地，夏令營主要用專業和科學的方式發掘、激發孩子對理工、人文科學等更多的潛能，提前預備上大學需要的自主學習、批判性思維、團隊合作能力。每年都有全世界上萬個兒童、青少年參加CTY考試，最後只有5%獲得參加夏令營資格，包括Facebook創辦人祖克柏（Mark Zuckerberg）、Google創始人之一布林（Sergey Brin）、全球流行音樂巨星女神卡卡（Lady Gaga）等人，都是CTY「校友」。

利用在CTY的夏令營，Sean把自己當成海綿般，探索平時在學校學不到的內容，古生物學、計算機編程、運動中的物理學……。這些在CTY的暑假，拋開課綱、進度、考試的限制，他沉浸在自己喜歡的領域中，和全世界

最聰明的同儕一起討論、實驗，打開他對物理無限大的想像空間和世界，讓他更加確定自己未來的學習規畫。

跨領域素養，學習不偏食

　　儘管對物理、電機有最多熱情，但Sean在校的學習並不因此而偏食。這是因為Pamela始終相信面對未來世界，每個學生都需要跨領域的素養，她鼓勵孩子們「什麼課都去上上看」，「沒有試過，怎麼知道你喜歡或不喜歡？」是她的口頭禪。就算是已經立定志向要走科學、電機領域的Sean，Pamela也鼓勵他多多選修歷史、藝術等人文相關領域課程。

　　「我以前好喜歡上歷史課，」他回想當時的世界歷史課，歷史老師Lex從來不在課堂上用教科書，「他總是跟我們說，教科書大家自己回去讀就可以了。利用上課時間看教科書，太可惜了。」

　　在課堂上，Lex會以不同的故事、紀錄片介紹某個歷史事件做引導，然後留下一段時間開放課堂討論，「他用各種方式呈現他想教我們的東西，到現在我對好多主題都還

記憶猶新；如果上課只有教科書，我想大概考完試，我就全忘光了。」

他記得講到希臘羅馬時代，Lex在專題的第一堂課就宣布：「我們來辦一個Greek Festival（希臘嘉年華）吧！」成果評量則是每個人準備一道跟古希臘時代有關的菜，讓全班同學品嘗、打分數。

「這就是PBL的學習方式，也是這所學校大部分課程的樣貌。」Pamela解釋，PBL（Project-Based Learning，專題式學習）是全球教育新趨勢，打破學科框架，專題式的上課方式，並且以學生為中心。老師會設計真實性的任務，把學習設置到複雜、有意義的問題情境中，讓學生透過自主探究和合作來解決問題，學習知識之外，也養成解決問題的技能和自主學習的能力。

Sean後來端出的「作品」，是古希臘時代慶典活動必備的圓形甜酥餅。他大笑透露：「找食譜、準備材料，最後還要拜託媽媽幫忙，真的比上AP課還有難度。還好最後同學們都很喜歡我的古希臘甜點！」而他也因此對希臘羅馬時代的慶典儀式、新年怎麼慶祝、祭祀如何進行等細節，至今都能如數家珍。

除了多元、跨領域的上課方式，Sean最喜歡的是這個

小小的校園裡，同學、師生間如家人般緊密的連結，濃厚的情感。

「記得我在這裡的第一個學期，班上只有七個學生，」他坦言，比起加拿大一班二三十個孩子的環境，一開始「感覺還真是有點古怪」，不過他很快發現，透過一起做報告、研究討論的機會，大家一下子就建立革命情感。

革命情感，拉起緊密的情誼

他們知道每個人的長處——誰喜歡上台報告、誰擅長到圖書館找資料、誰喜歡做圖表⋯⋯在小小的團隊中培養絕佳默契，學會欣賞每個人的優點，學會互相幫忙；有同學在學業、生活上遇到困境，其他人會毫不遲疑伸出援手，或是把肩膀給他靠。

「在大家都拿到大學錄取信的時候，我們一起歡呼、擁抱，一起哭、一起笑。甚至我們各奔東西，在世界不同城市讀書、工作，我最好的朋友都還是這裡的同學，」Sean露出滿足的笑容說。

Pamela記得當時Sean在考慮要申請哪幾間大學時，她

其實建議Sean選一些「比較不偏僻」的校園，但是Sean
卻很堅定的告訴她：「Pamela，我知道自己要什麼！」
Pamela笑著說：「以一個十七歲的孩子來說，我看到他眼
神中的成熟和堅定，實在很不簡單。」

　　回想起這一段申請大學的歲月，Sean分享物理學之父
牛頓曾經說過的話：「人，一旦確立自己的目標，就不應
該再因為任何事動搖為之奮鬥的決心。」

　　他透露自己很早就會上網去找各大學電機工程、電腦資
訊科系的課程大綱和研究主軸，看到UIUC電機系的課程
安排時，他就有「一見鍾情」的感覺，「那時候開始，我
就對這間學校有點偏心，所以後來大家跟我說什麼，其實
我都不是很在意。」

無縫接軌，進入最佳學習狀態

　　如願進了UIUC，和來自全美國，甚至全世界最厲害的
同學一起念電機，可不是件容易的事，雖然在台灣讀的是
外僑學校，Sean在真正進入美國校園、美國求學環境，
有沒有什麼衝擊呢？他笑笑說：「還好在校時，學校很看

重我們每個人獨立完成學習進度的能力，老師不像台灣傳統學校，用保母的心態Babysit（照顧）每個學生，什麼時候該交功課、什麼時候考試進度該準備到哪裡，在PAS，這是我們身為學生的責任。」

有了這樣的訓練，面對系上教授把學習的主動權交給學生，要他們自己決定學習的進度和節奏，甚至連研究成果都是完全開放式的「佛系」態度，對從小學五年級就在PAS求學的Sean來說，幾乎是無縫接軌，很快就進入學習狀態。

他開始從廣大的電機系領域中選修不同領域的課程，電子學、無線電通訊、機器人學……，從中尋找興趣，慢慢釐清自己熱情所在，最後才選定專攻無線通訊。

因為一路專心、專注的追尋夢想，Sean的成績始終名列前茅，累積的研究成果也讓他在畢業後，順利進入蘋果公司。進到蘋果，他才驚喜的發現一顆在校時默默種下的種子，悄悄長成一朵美麗的花——解決問題的能力。

Pamela解釋，學校以設計思考的模式為教育主軸，希望學生在思考時也能考慮結合人文環境、使用便利、解決問題等面向，在乎學生的創意，強調解決問題（Problem Solving）的能力，同時鼓勵學生多方面進行跨領域學習

（Interdisciplinary Learning），「學生在學習過程中，不會死背書本上的內容，而是做主動的學習者，透過結合不同科目的知識，選定主題、蒐集與彙整資料、組織成有用的資訊、表達自己的想法，加以應用，解決真實世界中的問題。」

這樣以人為本、兼顧使用者需求的思考訓練，已經成為 Sean 的習慣，身為硬體工程師的他，始終不忘記每天思索：「什麼是需要被改變的？」「我可以怎麼改變它？」在最重視人性化設計、方便使用者的蘋果，Sean 很快就有亮眼表現。

努力100%，就不會有遺憾

此外，十一年級準備申請大學小論文、自傳、履歷的過程中遇到的「大魔王」Pamela，也對他日後在大學裡、職場上的寫作、論述能力，有極大幫助。

Sean 回想，Pamela 對學生申請學校一向親力親為，對學生自傳、論文或是繳交作品的要求很高，「她超級嚴格的，每次自傳或論文交給她，因為沒有重點或亮點而被退

貨，根本是家常便飯。當時真的很痛苦……」

Sean坦言，後來同學們都能了解Pamela高標準、嚴格要求的用心良苦，「我記得她那時常常說：『有時候你不知道自己的潛能，就要試著逼自己。』」

不過孩子們得到更多的，是像媽媽般慈愛的關懷。

Sean記得大家收到申請學校回覆的前幾封，幾乎都是拒絕信，難免會沮喪、懊惱，這時「大魔王」搖身一變成為「朱媽媽」安慰他們：「當你已經盡自己最大努力，就有坦然面對結果的勇氣。也不會有種後悔『哎呦，早知道我當時就再努力一點！』的遺憾。」

Sean說：「Pamela告訴我們，後悔沒有解藥，最是痛苦。為了避免後悔，當下就要用盡全力，知道自己已經付出百分之百的努力。」用這樣的人生觀，Sean無論是念大學或是到蘋果公司工作，都能保持信念，為自己負責任，在適度壓力下激發未知的爆發力，不留下「早知如此」的遺憾。

用超強的意志力，今年二十六歲的Sean繼續擁抱自己熱愛的工作和人生，專注的大步向前邁進，築夢踏實。

朱乙真／採訪撰文

超越自己，走到隊伍最前面

「學校教給我最珍貴的特質──『勇敢去試，被拒絕也不會怎樣』，讓我變得更好、更強。」

羅尹鴻
Austin Luor

PAS Year of 2013／現為卡內基梅隆大學（Carnegie Mellon University）博士生，攻讀認知神經科學（Cognitive Neuroscience）。

　　一月的台北，街上瀰漫著農曆年前的忙碌和歡喜氣息，二十七歲的Austin從美國返台過新年，他一面沿路欣賞櫥窗，一面傾聽四面八方的聲音，他很喜歡這種邊走邊看邊聽的感覺，享受著行為、視覺和聽覺同時忙碌運作卻維持絕妙平衡的狀態。

　　這個喜好和Austin的專業有關，他是美國卡內基梅隆（Carnegie Mellon University）大學的博士生，卡大在2021年泰晤士高等教育世界大學排行榜上，排名第28。Austin攻讀的是認知心理學（類似腦神經學研究），主攻聽覺研究，並投入聲音與資訊科技的結合運用。

「媽媽，我是Loser嗎？」

　　「卡大做了很多結合聲音和電子產品、機器人、AI的研究，例如Alexa、Google Home等聲音機器人，應用領域很廣，」說起自己的專業，Austin雙眼閃爍著光芒。很難想像以前的他，是一個沒有企圖心，凡事「不要被罵就好」，甚至懷疑自己的少年。

　　Austin原本在台灣讀一般的國小，是個成績普通的男孩，小學畢業後，因為希望唯一的兒子能快樂學習，不要在台灣沉重的升學壓力下長大，於是，父母安排他獨自到美國讀中學。

　　從七年級到九年級，美式教育讓Austin很開心，他寄居在美國的舅舅家，努力學習獨立，但青春期正是敏感的年紀，即使舅舅一家對他很好，Austin依然想家，他回想：「那時很想念在台灣的爸爸媽媽，渴望放學後全家一起在餐桌吃飯的感覺。」

　　Austin很猶豫，跨海在電話裡問媽媽：「你們花很多錢送我出國念書，如果我中途放棄，是不是失敗？是不是沉不住氣？算是Loser（輸家）嗎？」

　　媽媽對Austin始終抱著開放的心，她鼓勵兒子：「想回來就回來，開心最重要，以後上大學還會去美國，你不是只有一條路。」正因之後將再赴美讀大學，媽媽決定在高中三年的過渡期，為兒子在台灣找到一個最適合的學校，讓Austin快樂成長。

　　在朋友介紹下，媽媽選擇了PAS。Austin記得，2010年，剛入學的第一天，學校還只是在光復高中租借教室，他心中充滿問號：「這地方這麼小，真的是學校嗎？」可是一想到回台是自己的決定，「就試試看吧！」正式成為十年級新生。

　　Austin是一個很會在人群中默默觀察的孩子，他發現同學背景差距頗大，有人來自美國，有人畢業於台灣的中小

學，有人已在此就讀多年，「這很特別，對我來說又是另
一種挑戰，也訓練我的彈性，」Austin 發現，雖然學生來
自不同的環境，老師總會根據每個孩子的特質從旁協助適
應，這讓他很安心。

佛系小孩凡事無爭，只求80分

　　除了適應環境之外，學校給 Austin 更大的挑戰是面對自
己、超越自己。

　　校長 Pamela 回憶，Austin 剛入學時，是個可愛溫和的
孩子，不論對人或對事，一向沒有脾氣，包容性很強，
也從不會想跟別人比較或競爭，更不會惹禍生事，Pamela
說：「幾乎就是個零 Trouble（麻煩）的小孩。」

　　正因為溫和無爭，相對的，Austin 也不是一個積極的學
生，甚至是有點「佛系」。以前不論是小學在台灣、中學
在美國，他從不好強，不爭名次，不想做明星或焦點，凡
事達到自己設定的目標就好。「我很清楚自己的目標，就
是八十分，凡事做到八十分，不要被罵就好，」Austin 笑
著說。

　　比方上學，Austin 從小的「生存法則」是按部就班，老師說何時該做什麼，他就準時做什麼，做完就好，不多做，也不必做太好，他早早就想好長大後要躲在實驗室做學術工作，與世無爭，不需要和很多人說很多話。

　　可是在這裡，班上同學人數少，老師有很多機會近距離和每個孩子多聊幾句，Austin 常常被稱讚做得不錯，然後被鼓勵「再多往前一點點，多努力一點點」。

　　尤其是 Pamela，經常與學生一對一接觸，Austin 印象深刻，從一入學，Pamela 每次看到他都會笑嘻嘻地說：「去找出你喜歡什麼，多想一想你以後要做什麼。」

　　老師和校長的提醒，在 Austin 心裡萌芽，這個以前習慣躲在隊伍中間的男孩，開始不知不覺會往前多走幾步，他對學習、對社團活動，慢慢積攢出比較大的衝勁和熱情，會主動多想一下，多做一點。

　　十一年級開學不久，學生們準備選社團，Austin 突然問社團老師 Trinidad：「參加社團，只是為了申請大學的履歷好看嗎？」之所有會有這樣的疑問，是因為他已經默默觀察學校的公益性社團許久，一直對社團裡「做公益換點數」的規則存疑，尤其因為「點數」可以寫在申請大學的履歷，更讓他不平：「這種做公益的出發點是錯的，我們

如果只是為了換取利益，還不如不做。」

一種前所未有的熱血和激動升起，Austin想站出來做點什麼，決定在校內發起一個公益社團，他說：「不是為了申請大學，而是真心要做。」

發起飢餓12，募款幫助原鄉部落

當一隻領頭羊，原是Austin生命中從沒想過的事，但師長們很鼓勵他的改變和衝勁，Trinidad甚至當起這個社團的指導老師，Pamela則認為，學校是一個以學生為主的教育環境，只要學生敢去挑戰、去嘗試，學校都應提供平台，協助孩子去試，Austin雖然功課普通，沒有當領導人的經驗，讓他去試一試又何妨？

有了這個想法，Austin只花了三天時間，就寫妥社團組織章程，還單槍匹馬直闖世界展望會新竹分會想爭取合作，展望會的工作人員非常驚喜，建議他可以號召同學，一起響應世界展望會舉辦的飢餓三十行動。

「號召成員？」Austin說，從小到大他從沒發起過任何行動，不知自己到底能號召多少人，但結果出乎意料的，

報名參加的同學和學弟妹很多，還提出各種做公益社團的點子，最後篩選出二十人成為社員。

踏出不錯的第一步之後，Austin 充滿信心，也很興奮，「二十個人就是二十種不同的力量，我們一定要做一點不一樣的事！」他為社團取名「AUDS CLUB」。AUDS 源自英文字 Audacious，代表著大膽、敢冒險。

就像創業一樣，十七歲的 Austin 從一個藏身隊伍裡的小孩，突然衝到最前頭當起領隊，領袖潛能大爆發，接下來的幾個月裡，他帶著二十名社員一起討論和執行 AUDS 的所有活動細節。

那時他們先響應世界展望會的飢餓三十，在校內發起「飢餓十二」行動，號召同學從早上八時到晚上八點，十二個小時不吃東西，體驗「人飢己飢、人溺己溺」的精神，還在下午放學之後到晚上八點活動結束前，舉辦闖關解謎遊戲，設計了二十道關卡讓大家參與，相互激勵，在歡笑和熱情中一起度過飢餓。

接下來，Austin 更進一步帶著 AUDS 主辦 LIVE 慈善演唱會。二十個大孩子花了半年時間籌備和排練，在一個週六的下午登場，輪番上台歌唱、舞蹈、演奏樂器，中間穿插募款，學校也幫忙邀請家長參與，整場演唱會贏得滿場

掌聲，最後成功募到三萬六千元。

社員們決定把三萬六千元捐給展望會，並與展望會討論，把錢用在遭受風災的新竹縣尖石鄉原住民部落。由於當地急缺醫療用品，二十個學生還一起去採購簡單的醫療藥品，分裝成一百個醫藥箱，透過展望會送到尖石鄉的原住民部落。

幾天後展望會提出完整的專案報告給AUDS，報告裡附上部落孩子領到急救箱的相片，每個孩子還在領取表格上簽名，AUDS的社員們感動的又哭又笑，彷彿改變了世界小小的一部分。Austin更是激動：「原來我可以帶著團隊完成這樣一件事。」

面對選擇，重要的是態度

至此，Austin發現自己從此看事情、做事情的方式都不一樣了，他學會和人溝通、協調、整合，還知道如何提案，為每一件事找出解決方式，也深刻理解到，做事必須有效率、有步驟，才能達到預定目標。

更重要的是，Austin感覺自己的心態變得更積極，「心

裡頭熱熱的，想要往前衝，」他很喜歡這樣的自己，決定今後再也不要躲在隊伍中間了。

Austin 愈來愈有想法，十一年級開始準備申請大學時，他很想勇敢去嘗試一切想做及喜歡的事。

以前他沒有明確方向，在校的成績中等，各項學習領域裡最喜歡生物，曾參加過一些大學的生物或醫學營隊，每

曾經的佛系小孩，在師長的引導下漸漸學會多想一點，多做一點。

一次的生物實驗和研究都讓他興奮好奇。另一方面，他也喜歡歷史課，尤其是中古世紀的歐洲歷史，那些古典的建築、藝術和歷史故事，讓他非常著迷。

在生物和歷史之間，Austin一度猶豫該選哪個做為申請大學校系的目標，在大學教書的父母沒有給他任何限制，就像當年從美國轉回台灣讀PAS，媽媽告訴他：「人生不會只有一條路。」Pamela每次Austin面談討論志願，也總是鼓勵他：「Try your best.」

「大人們教我去追逐夢想，不只要勇敢，更要認真，」Austin說，他慢慢明白，也承諾自己，無論夢想是否能實現，這就是一種「態度」。

最後他決定以生物科系為目標，雖然知道自己的成績不是最頂尖，也沒有抱著太大的得失心，他看得很開：「我就想，申請到哪裡要看天意。」骨子裡依舊佛系自在。

放下名校迷思，選擇最適合的

2013年，Austin同時申請上加州大學柏克萊分校（University of California, Berkeley）環境科學系，以及位

在波士頓的布蘭戴斯大學（Brandeis university）。他一度想選柏克萊，因為「聽起來很厲害」。

但Austin沒有被沖昏頭，「柏克萊雖有名，可是我知道規模較小的布蘭戴斯比較適合我，」他喜歡布蘭戴斯大學的一大特色，就是文理學院都很有名，學生入學之前不必先選科系，文科理科都要修，這樣一來，他就可以選修一些自己喜歡的歷史課程。

另一方面，Pamela也認為，以Austin的實力和個性，很適合和教授一對一的互動學習，在小一點的環境中會有更多實做的經驗，會學得更好、更多。

Pamela甚至直指核心，分析給他聽：「你去柏克萊的大班教學，可能會被淹沒，你數學不好，在柏克萊要花很多時間去追著別人跑，費更多力氣趕上同學的數理程度。」

當然，從現實考量，如果Austin進了柏克萊，PAS對外宣傳會「很好聽」，讓外界認為這所學校的教學成效很不錯。但Pamela堅持：「教育的主體是學生，不是學校，我們考慮的不是學校宣傳，而是學生更長遠的未來。」對她來說，辦學，不能只把學生送進大學之後就不管了。

放下名校迷思的另一個關鍵，依然是父母的開明與愛。他們從來不曾逼著兒子去追逐光環，媽媽告訴他：「如果

今後要做學術工作，大學不會是你最後的學位，未來的碩士、博士班，會有更多進名校的機會。」父親更認為：「讀大學，最重要的是過程中的訓練扎實與否，以及你有沒有爭取做到最好。」

有了師長及父母的鼓勵與支持，Austin益發篤定，清楚自己要什麼，「我能在這個地方做到最好，才是最重要的。」這讓Pamela很感動，她看見這個男孩的淡定與自信，更看見父母的理解和尊重。在她眼中，Austin來自一個充滿愛的家庭，是一個充滿愛的小孩，也正因如此，才能在抉擇的關口從容不迫。

大學挫折多，樂觀面對

上了大學，強大的衝擊迎面而來。Austin坦言：「原來比我強的人這麼多。」學業上適應得很辛苦，功課重，還要適應新文化、新生活，不斷在挫敗中努力找到平衡點。

例如有些科目的成績無法盡如人意，即使他再用功，成績也只有B+。一開始Austin很沮喪，但他漸漸釋懷，明白一些基礎科學的課其實「有Pass就好」。尤其他的「普

通化學」成績一直不好，只有C，但幾年後念了博士班才發現根本用不上普化。

「我比較在乎的是自己有沒有盡力，我常想，每一堂課能學到的任何知識，都是賺到，成績的高低已是其次，」Austin樂觀正向的心態，一路陪伴他面對生命中的挫折。

Austin就讀的布蘭戴斯大學規模雖小，卻十分重視學生實作能力，學校裡有許多大大小小的實驗室，各自專注研究不同領域，也招募學生擔任助理，參與實驗研究計畫，一來培養能力，二來也可以幫助學生找出真正有興趣的研究領域。不過實驗室通常只招收大二以上、有實驗室經驗的學生，通常沒經驗的大一新生，學校希望他們可以先培養實做能力後，再進實驗室。

但是，大一一整年的碰撞，讓Austin日益強韌，PAS為他滋養出來的敢闖、敢試性格，再度躍躍欲試。他說，在實驗室學習，一直是他從小的夢想，而且當初選擇進布蘭戴斯大學，關鍵原因之一就是該校學生進實驗室的機會較多，因此他想試試看是否可以進入實驗室參與研究計畫，於是開始積極尋找，不斷投履歷，幾乎申請了全校所有的生物實驗室研究工作。

「那時就是想，不管成不成功，總要有個開始，而且頂

多就是被拒絕，這家不行就再找下一家嘛，沒什麼好怕
的，」多年後回憶，Austin驕傲地說，這種心態是學校在
他心中種下的種子，永遠懷抱勇氣，積極樂觀向前衝。

勇闖聽力實驗室，奠定一生目標

　　Austin前前後後被學校的大小實驗室拒絕了二三十次，
而且多數連面試的機會都沒有，對方往往只看了履歷就直
接刷掉他。直到大二上學期的某一天，Austin收到一封聽
力研究實驗室經理的電郵，問他可否隔天去面試。

　　Austin很興奮，他想緊緊抓住機會，不想等到隔天，於
是當天下午四點半便衝去實驗室爭取提早面試。後來竟幸
運的順利通過面試並獲錄取，接著在這間「記憶與聽力實
驗室」一做就是三年，直到畢業，聽力研究也成為他的畢
業論文。

　　這份助理工作，讓Austin確定了一生的目標——聽力
研究。他在研究的過程中，不斷看見實驗成果應用在人類
生活的實績，也讓他知道透過生物科學，可以幫助聽力退
化者的日子過得更輕鬆一些，「我太喜歡這樣的成果，把

科學運用在生活，讓人類的生活品質變得更好。」

　　而 Austin 當了兩年助理後，當初面試的經理才告訴他，其實他本來不是實驗室想找的人才，因為沒有經驗和資歷，實驗室根本沒有任何適合的工作可以給他做。

　　「但就是因為那天下午，你直闖實驗室的衝勁和熱情，讓我們看見你是真心想做事情，所以我們決定，一定要找個工作給你做做看，」經理頓了一下，給他一個大大的擁抱：「我們也很慶幸，當初的決定是正確的。」

　　這番真相讓 Austin 的眼淚差點掉下來，他想起在校辦 AUDS 的往事，彷彿重新看見那個獨闖世界展望會辦公室的十七歲少年；也明白了原來學校為他培育出最珍貴的特質──「勇敢去試，被拒絕也不會怎樣」，讓他在青春歲月裡，不知不覺達成一個又一個從沒想過的目標，超越自己原本的設定，變得更好、更強。

追夢的路繼續走

　　大學畢業後，Austin 先找到一項在醫院做聽力研究的工作，累積實務經驗，2020 年又申請上了卡內基梅隆大學

博士班，繼續投入聽覺與行為科學的研究。

十年來，因為父母師長的愛與鼓勵，Austin走過一次次的抉擇和挑戰，從與世無爭的佛系小孩，蛻變成勇敢追夢的博士生，致力研究科技運用的關鍵和奧妙。

對於未來，他充滿期待，也許留在校園教書，投入更多的研究，也可能進入業界做分析師，投入科技業的聽力科學分析，運用在生活科技產品上。

「但不管走哪一條路，一如當年，我都不會為自己設限，只要Try my best，就一定可以飛向一個更好的地方，」Austin說，自信從容的笑再度寫在臉上，像一艘即將啟航的船，揚帆出發。

邵冰如／採訪撰文

Part

3

回到原點，
一切都是為了愛

每個人都是當了爸媽之後，才學習如何當爸媽
而在教育與教養的路上
就算心智再強大，也必經過摸索碰撞
做為家長，打造讓孩子安心學習、盡情發揮的環境
是一輩子放不下的責任與想望
而這一切的原點，都是因為愛

為了我們，媽媽辦了一所學校

「媽媽用盡全部的力量，要給我們最好的教育，甚至為我們辦了一所學校。」

章郁旋
Erica Jang

PAS Year of 2009／賓州大學華頓商學院（Wharton School of the University of Pennsylvania）畢業，現於美國前三大投資銀行摩根史坦利（Morgan Stanley）擔任助理副總裁，2020年獲選為摩根史坦利第三名青年（Junior）財務顧問。

章郁邦
Derek Jang

PAS Year of 2011／麻省理工學院（MIT）畢業，主修生物醫學工程，副修管理，現於喬治亞理工學院（Georgia Institute of Technology）攻讀和埃默里（Emory University）合作的雙博士，預計2022年春天拿到生醫工程雙博士學位。2021年暑假，已順利拿到畢業後的工作，將進入全球第二大顧問公司波士頓諮詢顧問公司任職，擔任理財投資部門助理諮詢顧問（Associate Consultant）。

Erica和Derek是一對很不一樣的姐弟，姐姐從小外向圓融，現在在美國前三大投資銀行摩根史坦利（Morgan Stanley）當財務顧問；弟弟是嚴謹內向的數理資優生，十六歲進麻省理工學院攻讀生物工程。

他們是亞太美國學校校長朱家明的一雙兒女，朱家明對教育的堅持與執著，二十年來一一印證在兩個孩子身上，而姐弟倆完全不同的個性與發展，也給了她很多啟發，是她教育路上的最佳夥伴。

提起童年，Erica印象裡的媽媽，除了是照顧生活的媽媽，更是一起上課一起成長的老師。她說，小學就讀另一所國際學校，每天在學校上課就多半看電視和玩，也沒有體育課、實驗課，幾乎沒有作業。

媽媽很怕她和弟弟學得不夠，因此準備美國的學習教材，每天放學後帶著她上課，後來弟弟Derek也一起加入。她說，媽媽每年暑假帶著她和弟弟去參加美國的夏令營時，會到處蒐集教材帶回台灣。

媽媽辦了新學校，我們要當標竿

Erica始終記得，那時當別的家長忙著觀光血拚時，媽媽卻總是在書店裡找教材、買課本，不然就是去參觀中小學，「她就是一直很努力，要給我和弟弟最好的教育。」

　　Erica 和 Derek 在原本的國際學校讀到八年級和五年級時，朱家明決定自辦學校，Erica 那時已十五歲，很清楚媽媽和其他家長們為了辦校有多麼辛苦，在她心中，媽媽有一股不服輸的勇氣，一直在為自己的理想，也為她和弟弟努力。

　　姐弟倆一起進了媽媽辦的第一所國際學校，升上九年級的 Erica 知道自己是全校年紀最大的孩子，有如大家庭裡的大姐姐，要協助照顧別的小孩。她提醒弟弟：「媽媽辦了學校，我們是別人眼中的標竿，不能表現不好。」

　　也因為辦學校，朱家明不再是全職主婦，每天忙得不可開交，原本天天有媽媽照顧的 Erica 和 Derek，生活 180 度大轉變，再加上爸爸在科學園區工作也很忙，姐弟倆必須自行打理生活，Erica 不時會帶著弟弟去大賣場採買，凡事盡量自理，學著照顧自己。

　　朱家明說，她常常「硬起心腸」要兩個孩子自理生活，因為她深知父母不會一輩子陪在孩子身邊，如果凡事幫他們準備好，只會害他們難以獨立，寧可他們自己動手做，即使做錯了，也能學到經驗和教訓，更學會負責。

　　例如 Erica 六年級之後，去美國參加暑期夏令營，朱家明不再幫她整理行李。孩子的行李，她不過問、不檢查，

只是嚴肅地提醒：「如果有什麼東西忘了帶，到美國就要自己負責。」而後來的事實也證明，兩個孩子的行李從來不曾出問題，讓她很欣慰也很放心。

媽媽的嚴格，在學校更是徹底執行。Erica和Derek說，在學校裡，他們沒有特權，跟一般學生沒有兩樣，唯一不同的是別的同學可以進校長室和校長聊天談私人問題，只有他們不行，因為媽媽總是嚴厲告誡他們：「有事回家再說。」

鼓勵多元發展，放膽去嘗試

在學校裡，姐弟倆課業表現優秀，也在藝術、體育等方面多元發展，這是因為從小學開始，媽媽就會帶著他們去學直排輪、游泳、網球、馬術等各種運動，也從小拉小提琴、參加樂團。高中時，Derek喜歡搖滾樂團玩電吉他，Erica迷上跳舞和啦啦隊，媽媽總是一句：「OK！GO！」

朱家明辦校初期，Erica常和媽媽分享自己心目中的學校，她希望有很多很多的活動，讓她和同學可以展現自我，追求更精采的青春。

尤其她從小喜歡跳舞，一聽到音樂就忍不住手舞足蹈，中學時迷上了Hip Hop（嘻哈），最喜歡看美式校園的學生啦啦隊表演和比賽，她希望在PAS成立啦啦隊，朱家明很支持女兒的想法，但要求「你們要全程自己來，而且安全第一。」

十一年級一開學，Erica號召學弟妹成立啦啦隊，有二十多人響應加入，大家興奮的策劃和排練，不只為了好玩，而是把啦啦隊當成一件重要的事業。

被罵哭的啦啦隊長

對於女兒帶頭成立的社團，朱家明不給特權，啦啦隊要使用任何設備，都必須按程序向學校申請並經過審查，啦啦隊隊員的衣服鞋子，也全由學生們自行設計採購。

隊員們卯足全力練習，遠從台北請來教練，除了基本的舞蹈和隊形，還挑戰翻騰、空拋、疊金字塔等高難度動作，教練很怕這群初學的孩子們衝太快，一度提醒他們不要急，表演隊型只要一層就好，但身為隊長的Erica帶著隊員們一起拚，一心認為要做就做最好的。

　　排練過程中，朱家明放手不干涉，只一再提醒Erica安全第一，練習時要鋪設柔軟的地墊，以防受傷，太高難度的動作，沒有把握就寧可不做。

　　但心急與好強還是會出狀況。一天下午，一位隊員在沒有地墊的位置練習，摔了一跤手臂骨折，朱家明知道後非常生氣，衝到練習現場痛罵Erica，委屈又著急的Erica哭

Erica主持了學校第一支啦啦隊，擔任隊長，還帶領啦啦隊支援公益活動。

成淚人，一旁的學生和家長都替她說情，強調隊長一向會留意隊員的安全，是受傷的隊員未遵守規定且太大意。

但朱家明不改鐵面，堅持Erica有過失：「你是隊長，一切責任就要由你扛。」她提醒Erica，辦啦啦隊不是只為好玩和表演，而是一份真心想做的「事業」，做隊長不是為了享受權力和光環，更不是為了「美化」以後申請大學的履歷表，而是一份榮譽和責任，絕對不能隨便以對。

朱家明知道這事讓Erica非常挫折，但她認為每個孩子都會跌倒，都會做錯事，重要的是承認犯錯、面對問題。那天回家後，她要女兒擦乾眼淚：「你要去面對挫折和錯誤，我不會只保護你或拉你、救你，我要你自己重新站起來。」

走進職場，想起媽媽的身影

媽媽的嚴厲訓練出Erica的韌性和恢復能力，意外發生後隔天，她帶著微微紅腫的雙眼為隊員打氣，帶著大家重新練習，卻從此比以往嚴格數倍，盯緊每一個安全細節。

接下來的一個多月，大家在謹慎中苦練，終於成功挑戰

最難的三層人高金字塔，當聖誕晚會表演時，全校驚呼和掌聲不斷，很多家長都不敢相信這群孩子竟然做到了。

畢業後，Erica申請進入美國長春藤名校——賓州大學華頓商學院（Wharton School of the University of Pennsylvania），那也是她一心嚮往的學校。

Erica說，她從小喜歡「理財」、「做生意」，小時候媽媽會跟她和弟弟「談生意」，想要任何物質上的東西，必須靠努力或好表現來交換。例如想買新鞋，就要做家事或成績進步才能換得，她和弟弟很清楚努力才有收穫，也懂得精打細算每一分錢。

母子三人那時候最喜歡一起看川普主持的電視節目《誰是接班人》（The Apprentice），一起討論企業競爭和獲利生存之道，還會分析每一集隊伍的成敗原因。Erica一度在家裡玩起了超商生意，和媽媽討論賣東西如何獲利。

精打細算的個性，讓Erica堅守一分耕耘一分收穫的信念，自律甚嚴，也因為用功加上學習的熱情，讓她在華頓商院讀書的期間拿到極優異的成績。大二就進入美銀美林集團（Bank of America Merrill Lynch）實習。兩個暑假在美林集團的實習，也幫助她找到了工作的目標——成為財務顧問。畢業後她先在美林任職，之後又轉戰富國銀行

（Wells Fargo）、瑞銀（UBS）國際部和摩根史坦利當財務顧問。

　　Erica說，進入職場以來，常常想起從小在媽媽身上看到的態度，要勇敢追夢，積極為自己發聲，不要怕挑戰和權威。大二在美林實習時，美林曾承諾等她畢業後會提供全職工作，但兩年後當她前去就職時，公司開出的薪水只有新鮮人等級，但是她積極為自己的條件和能力爭取更好的待遇，最後也成功拿到了較高的薪資。Erica總是用熱情去面對自己的工作，疫情期間，更因為在公司優異的表現，受邀在線上和其他的財務顧問分享成功經驗。

「雖然和姐姐不一樣，但我很快樂」

　　相較於Erica的外向活潑與領袖魅力，Derek的性格完全相反，小時候常沉浸在自己的世界裡，不主動和人打交道，也不討好別人，只全心專注在自己喜歡的線上遊戲和動漫，也愛研究武器、飛機和世界歷史，沒興趣的東西一律擋在門外。

　　Derek的「不一樣」曾讓朱家明很憂心，她眼中的Erica

有好人緣、親和力強，Derek 的人際關係卻不怎樣，也沒興趣交朋友，只有一兩個死黨，她擔心兒子會變成孤僻的小孩。她好幾次試著改變兒子，要他多關心別人一點，多交一些朋友。但他振振有詞地反駁：「做朋友要談得來，不必過度勉強，」甚至告訴媽媽：「我雖然和姐姐不一樣，但我過得很好、很快樂。」

　　這讓朱家明很驚訝，進而反省「孩子不一樣，就是不好、不對嗎？就要被糾正嗎？」她逐漸從兒子身上明白，原來孤獨也無妨，孤獨也是一種自在，孩子其實自得其

個性迥異的一對兒女，在朱家明的辦學路上「教」了她非常多。

樂，大人不應該用同一種標準去框住孩子。

　　還有一次，Derek 讀小學時，一個人靜靜花了幾小時畫了很大一張圖畫，畫紙上全是細細描繪的大砲、飛機、戰艦，朱家明正想稱讚，不料他突然大筆一揮把整張畫全塗黑，媽媽嚇了一跳問他為什麼，Derek 一派淡定地解釋：「敵人來了，全炸光了。」

　　朱家明這才驚覺，原來孩子的世界有自己的邏輯，當 Derek 做一件喜歡的事時，他有自己的節奏和想說的故事，「我們大人要去理解並且尊重。」

　　Derek 從小有他自己學習的方式。他會為了理解地心引力，在樓梯間倒立，而不只是對教科書裡的文字敘述囫圇吞棗。有一天朱家明回家，看到廁所裡血流成河，嚇了一大跳，以為孩子受傷了，追問後才知道是兒子拿紅色的食用色素當成火山爆發的岩漿，在浴室體驗火山爆發。Derek 喜歡用自己的方式探索周遭環境並理解學習，而且從中得到很多樂趣。

　　從小 Derek 熱衷於閱讀各種不同的課外書和雜誌，《Dig》幫助他從考古了解歷史和遠古的世界，《希臘羅馬神話》增加了他的想像力，《Smithonian Magazine》和《Scientific American》帶他進入了科學的探索，他甚至沒

有告知爸媽，就畫了特洛伊戰爭裡的阿基里斯和戰船，投稿到孩童考古雜誌，獲得刊登。他對歷史和世界的興趣，不是來自於課本，而是來自於課外閱讀，和從小到大每年家庭旅遊中參觀過的各種博物館。網路閱讀更是他許多知識的來源。Derek 的成長過程，讓朱家明重新思考孩子學習的方式，並學會尊重每個孩子不同的成長方式。

升上十一年級時，Derek 又給了朱家明一次震撼。一向走孤高路線的他突然宣布要參選學生會主席，跌破同學們的眼鏡，因為歷來擔任主席的學生都是先從幹部做起，有了學生會工作經驗才能勝任會長，但 Derek 之前從來沒有當過學生會幹部。

「孤僻」的孩子，當上學生會主席

朱家明為兒子捏了把冷汗，不知這個一向孤高寡言的兒子，這回又在想什麼？Derek 很冷靜地向她分析：「我觀察很久了，現在的學生會不夠民主，所有事情都由主席一人決定，我想要改變這種文化，要讓學生會容納更多人的意見。」

Derek 以這番政見參選，還真的當選了主席，而且很受幹部歡迎。幾個月後，有幹部告訴朱家明，Derek 很受大家尊敬，「因為他會傾聽、尊重我們每個人的意見。」

朱家明又學到了一課，以前她只知道固執的兒子捍衛他自己的理念，卻沒想到原來他更知道要捍衛別人的想法，她也很欣慰 Derek 在看似冷淡的外表下，有一顆體貼又尊重別人的心。

反對，其實來自父母的不安全感

另類的兒子一次次帶來衝擊，朱家明常提醒自己要換一種和看女兒不一樣的眼光，去理解兒子，那對做父母的來說，也是一種學習。

Derek 中學時期，因為愛打電玩和研究動漫，常和父親發生衝撞爭執。朱家明的先生有著多數華人父母的傳統觀念，每當下班回家看到兒子在打線上遊戲時，總會生氣罵他不念書，固執的 Derek 不但不肯讓步，還冷靜地解釋：「現在是我的 free time，我知道自己在做什麼。」

有時父親很氣他「頂嘴」「不聽話」，Derek 挑戰：「你

們年輕時也玩過，為什麼當你們變成父母之後，就變得不可以了？」

看著孩子和先生各自不同的立場，朱家明分析發現，父母反對孩子做某些事，部分原因其實來自父母自己的不安全感。她最記得Derek在美國上大學的第一年，某天有學生告訴她，Derek前幾天跟他們跨海對打線上遊戲，即使台美有十二小時的時差，但他們還是一週內累積打了二十五小時。

當時Derek正值期中考，朱家明忍不住視訊問兒子：「為什麼考試期間還天天打遊戲？你有沒有念書？」Derek依舊酷酷的一張臉：「考試和念書我會全力準備，打Game對我來說是釋放壓力，For Balance！」

朱家明再一次被說服，她知道兒子有自己的方式，也提醒自己不該不信任兒子，尤其Derek的學業成績已非常傑出，媽媽的不安全感「非常多餘」。

朱家明的先生也一樣，雖然表面上不說，但一如其他家長，他慢慢受到朱家明影響，逐漸有了同理心，一步步接受Derek的堅持。2011年，兒子剛赴美上大學後幾天，做爸爸的寫下文章〈兒子選擇了自己的路〉，投稿登在聯合報家庭版上：

　　兒子才十六歲，還有些孩子氣，生活上漫不經心，往往需要人叮嚀，我一直希望他去就讀女兒的學校，幹練外向的女兒除可幫我照顧他，也能開拓他的生活圈，免得他老窩在房間打電玩、看動漫。

　　為此，我勸過他許多次，他都不為所動，堅持自己的抉擇。

　　那天，在書房看到他當初申請學校的資料，讀到他如何嚮往父親的母校和對未來所懷抱的憧憬，我才頓悟兒子的抉擇和當年我自己的成長是一樣的，只是角色變換後，我少了同理心。

　　高中時，父母希望我去讀台大，因為姊姊在那裡，可以照顧始終讓他們放不下心的我，但我去了新竹，選擇一所專注理工的學府，如今兒子也一樣。

　　我赴美念書時，父母總覺加州近、天氣好、學校也棒，但我選擇了遠在天涯海角、大風大雪的麻州，因為那裡有我最想去的學校，現在兒子也一樣。

　　原來，我認為對他好的建議，不過是為了讓自己能放心，卻可能奪走他的夢想；我自以為很尊重他，卻從來沒有放手過。

　　那天，在機場看著他離去的背影時，我不禁深深感

觸，兒子的抉擇讓我真正體會到許多年前爸媽的心情，那是我從來沒有想過的。而今我才明白為人父母在牽掛中放手的感覺，那種在不捨中帶著祝福，以及緊緊相連的心，天南地北都不會斷。

朱家明也有很深的感觸，不論身為校長或母親，兩個孩子教會她很多，讓她能從更近的距離去理解學生的想法，也讓她從家長的角度去看問題，進而理解學校其他家長的心情。尤其姐弟倆天差地遠的個性，更教會她誠心去面對個體的差異，不要用同一個框架和標準去看待每個人，每個孩子有自己的想法、個性和特質，父母要做的是理解和尊重，再加上從旁適度的引導和鼓勵，就已足夠。

媽媽的影響，陪伴孩子天涯海角

在孩子心裡，父母的身影同樣是最深的啟發。Derek畢業後，2011年先進MIT，2015年起又進入喬治亞理工學院（Georgia Institute of Technology），直攻喬治亞理工學院與埃默里（Emory）大學合作的雙醫學工程博士，預

計2022年取得博士學位，在異鄉求學的幾千個日子裡，他一向獨立，租房租車全自行打點，即使當年初抵美國只有16歲，但生活瑣事也難不倒他，「這都是來自媽媽從小給我的訓練，要自己解決問題，」他說。

在父母眼中，這個一路堅持到近乎固執的孩子，也日益圓融柔軟，朋友遠比以前多，想得也比以前更遠更深；例如他七八年來投入生物醫學領域，但大學時在MIT史隆管理學院副修管理的經歷也讓他念念不忘，兩年前他開始有轉往管理顧問發展的想法。他向媽媽分析：「博士的學程就是教我怎麼用科學的方法解決問題。做 Drug Delivery（藥物遞輸）的科學研究，能發揮的影響力太慢且僅限於所學的範圍內。但如果投入諮詢顧問領域，可以運用博士研究中所學到的各種解決問題的方法，在不同領域幫助更多人解決問題。」

因為有愛，遭遇失敗也不怕

朱家明很驚訝兒子想轉行，但她依然支持，更欽佩 Derek 是在冷靜思考分析了一年後才做出決定，而且承諾

一定先拿到生醫工程的博士學位，再去念企管碩士；「他做任何決定，總是極度理性冷靜，而且堅持信念，很高興他能如願拿到了波士頓諮詢顧問公司（Boston Consulting Group）的顧問職，」朱家明的語氣裡充滿做母親的驕傲。

　　回首成長之路，Erica 和 Derek 對媽媽有無盡的感謝，因為她用盡全部的力量，為姐弟倆打造最棒的教育，「甚至為我們辦了一學校」，讓他們今日能站上更棒的人生舞台。至於未來，他們更有著無比信心，兩人異口同聲地說，即使可能遭遇失敗也不害怕，相信自己一定會快速站起來，因為他們有著珍貴的養成教育，更因為一路有著父母的理解、支持，與無盡的愛。

邵冰如／採訪撰文

教育教養 068

放手讓孩子飛
亞太美國學校打造實現夢想的舞台

作者 —— 邵冰如、朱乙真、黃筱珮

企劃出版部總編輯 —— 李桂芬
主　編 —— 羅德禎
責任編輯 —— 李依蒔
封面暨內頁美術設計 —— 呂瑋嘉
攝　影 —— 黃鼎翔
內頁照片提供 —— 朱家明、林皓雯、孫毅安、蔣尚谷、徐思惟、喻愛淩、楊昆霖、
　　　　　　　　果玲、胡愷涵、余尚宸

出版者 —— 遠見天下文化出版股份有限公司
創辦人 —— 高希均、王力行
遠見・天下文化 事業群董事長 —— 高希均
事業群發行人／CEO —— 王力行
天下文化社長 —— 林天來
天下文化總經理 —— 林芳燕
國際事務開發部兼版權中心總監 —— 潘欣
法律顧問 —— 理律法律事務所陳長文律師
著作權顧問 —— 魏啟翔律師
社址 —— 台北市 104 松江路 93 巷 1 號
讀者服務專線 —— (02) 2662-0012
傳　真 —— (02) 2662-0007；2662-0009
電子信箱 —— cwpc@cwgv.com.tw
直接郵撥帳號 —— 1326703-6 號　遠見天下文化出版股份有限公司

電腦排版 —— 立全電腦印前排版有限公司
製版廠 —— 中原造像股份有限公司
印刷廠 —— 中原造像股份有限公司
裝訂廠 —— 中原造像股份有限公司
登記證 —— 局版台業字第 2517 號
總經銷 —— 大和書報圖書股份有限公司
　　　　　電話／(02)8990-2588
出版日期 —— 2022 年 3 月 4 日第一版第 4 次印行

定價 —— 450 元
ISBN —— 978-986-525-384-4
EISBN —— 9789865253899（EPUB）、
　　　　　9789865253882（PDF）
書號 —— BEP068
天下文化官網 —— bookzone.com.tw

國家圖書館出版品預行編目 (CIP) 資料

放手讓孩子飛：亞太美國學校打造實現夢想的
舞台 / 邵冰如, 朱乙真, 黃筱珮著 .-- 第一版 .
-- 臺北市：遠見天下文化出版股份有限公司,
2021.12
　　面；　公分 .-- (教育教養；BEP068)
ISBN 978-986-525-384-4(平裝)

1. 亞太美國學校 2. 國際學校 3. 學校教育
4. 人物志 5. 新竹縣